BIBLIOTHÈQUE

HISTORIQUE ET ÉDIFIANTE.

APPRENTI
ET MAITRE,

OU

LA PASSION DE L'ART;

OUVRAGE DÉDIÉ

AUX ENFANTS DE M. LE DUC DE BASSANO;

PAR

Madame ANNA MARTIN,

Auteur des *Mystères du jeune Age* et de la *Famille du Graveur*, etc.

Mais un roi sage et qui hait l'injustice
Qui, sous la loi du riche impérieux,
Ne souffre point que le pauvre gémisse,
Est le plus beau présent des cieux.

(RACINE.)

CLERMONT-FERRAND,
IMPRIMERIE DE THIBAUD-LANDRIOT FRÈRES,
Libraires, rue Saint-Genès, 10.

1848.

Madame,

J'ai lu avec un intérêt soutenu le charmant ouvrage dont vous m'avez fait l'honneur de me confier le manuscrit. J'ai suivi surtout avec un vif plaisir les détails historiques, que vous avez eu l'art de semer et de fondre dans votre récit, sans en ralentir le mouvement. — Tous les appréciateurs du mérite littéraire savent que c'est là une grande difficulté, et vous en êtes sortie victorieusement. Le public, je n'en doute pas, appréciera d'autant plus ce soin consciencieux qu'il y est moins habitué aujourd'hui. *La passion de l'art* réunit donc les deux qualités essentielles à tout succès durable, un plan sagement conçu et chaleureusement exécuté.

Si je ne craignais d'affecter votre modestie, je vous féliciterais aussi de la noble sensibilité, de l'élévation de sentiment qui vous ont dicté tant de pages touchantes... Mais je m'arrête et résume toute ma penséée en faisant un emprunt à l'un des écrivains dont la France s'honore particulièrement : « Votre ouvrage est quelque chose de plus qu'un bon livre, c'est une bonne action. »

Agréez, Madame, avec mes sincères remercîments, le respectueux hommage

De votre bien dévoué serviteur,

ALEXDRE DE SAILLET.

Paris, 1er août 1846.

A ..... et ..... de Bassano.

ÉPITRE DÉDICATOIRE.

Vous qui, élevés par une douce et tendre mère, devez croître en vertus et en talents; vous qui, guidés par un noble père, devez un jour suivre .es précieux exemples de sa vie laborieuse et digne; vous, les rejetons de l'une de nos plus glorieuses célébrités, aimables enfants, daignez accueillir cet épisode de l'amour du travail, que j'ai tracé pour vous. Puissent les préceptes qu'il renferme vous être chers et utiles : c'est mon vœu le plus ardent.

Et si, m'adressant constamment à vos jeunes imaginations déjà imbues de bons et louables principes, je leur ai présenté le tableau des infortunes de deux pauvres enfants qui s'aimèrent avec toute la fraîche naïveté et la candeur aimable dont Dieu a orné vos excellents cœurs, c'est que j'ai voulu faire jaillir de la terre que nous allons parcourir ensemble, l'une des plus belles vertus du genre humain : la tendresse fraternelle.

Votre toute dévouée et affectionnée,

ANNA MARTIN.

APPRENTI ET MAITRE.

CHAPITRE PREMIER.

Les Commensaux du Manoir.

Mais opposés par leur génie,
Vivant sur les mêmes gazons,
L'une les change en ambroisie
Et l'autre les change en poisons.

(CERUTTI.)

VOICI une bien touchante et curieuse histoire ; les vieillards de Lillebonne, de Caudebec et de Rouen la racontent à leurs fils en guise de sermons contre l'orgueil et l'envie. Les grand'mamans qui la tiennent de leurs aïeules, parce que celles-ci l'ont entendu redire par leurs bisaïeules, la citent à leurs petites filles en forme de morale sur l'amour du travail : c'est une nouvelle de bien vieille origine, qui prouve combien est durable la mémoire des faits qui doivent servir d'exemples au genre humain.

Au quinzième siècle, vivait un sire de Normandie, qui avait nom Hyacinthe de Rouergue. Il était seigneur de Tancarville, la Cerlangue, Sandouville, Oudales, etc., etc.; c'est-à-dire qu'il avait un château dans chacun de ces lieux, châteaux dont celui de Tancarville avait été naguère le plus somptueux, le plus grandiose, le plus vaste et le plus fameux. Le roi Philippe-le-Bel y avait conduit sa femme dans les premières années de son règne, belle preuve de la célébrité du manoir qui faisait grand bruit à cette époque, et dont on parlait dans tout le septentrion de la France, en Picardie, en Flandre, en Lorraine, jusqu'en Bretagne, même à Paris; ce qui avait fait dire au roi Philippe, toujours plein d'attention pour la reine de Navarre : « *Je mènerai ma gentille Jeanne au château de* » *Tancarville !* » (En ce temps-là, les rois rendaient visite à leurs vassaux.)

Et quoique la reine Jeanne eût alors bien autre chose à faire qu'à venir ensevelir sa beauté dans ce manoir qui s'élevait, à la vérité, sur une délicieuse petite colline tout émaillée de fleurs charmantes, caressées par l'onde argentine de la Seine, mais qui semblait menacé par la terrible *pierre gante* (1) de la falaise; la reine Jeanne, dis-je, suivit dans le canton de Saint-Romain, son royal époux Philippe de Navarre.

(En ce temps-là aussi, les princes prenaient les titres de leurs femmes; aujourd'hui, il y a maints grands seigneurs qui seraient fort en peine de se conformer à cette coutume.)

Mais ce beau temps avait passé rapide comme l'éclair; on était alors au quinzième siècle : Philippe de France et Jeanne de Navarre étaient loin : le château n'en avait pas moins conservé à l'extérieur tout son imposant aspect, tandis qu'à l'intérieur, hélas! ce n'était plus cela : plus de splendides fêtes ni de joyeux convives; plus de bals suzerains ni de festins de rois; plus de beaux chevaliers à la tête haute et fière, accourant de dix lieues à la ronde pour proposer des parties de toutes sortes; plus de nobles dames, à l'élégante tournure, venant offrir des prix au courage belliqueux, et exciter aux combats par *tant douces paroles* les beaux fils du manoir. Le château était occupé, je l'ai dit, par Hyacinthe de Rouergue, homme vieilli avant

(1) Nom d'une pierre géante, qui, sur la falaise de Tancarville, s'élève à perte de vue.

l'âge, sombre, austère, qui se tenait depuis fort longtemps enfermé dans la salle la plus morne de son manoir, pour s'y livrer aux regrets éternels qu'il éprouvait de la mort de sa femme dont le souvenir, au lieu de diminuer avec les années, ne faisait qu'augmenter. Le sire de Tancarville était donc seul avec ses deux filles : Berthe et Radegonde, âgées d'environ douze ans.

Le noble père n'aimait pas ces enfants de la même manière. Radegonde était celle qui recevait tous les soins, tous les égards, toutes les démonstrations ; mais s'il faisait vis-à-vis de Berthe le sacrifice de ses sentiments de tendresse, c'était pour rêver sans cesse à celle-ci qui était l'objet de son culte secret. On eût dit qu'il craignait d'être avare de caresses envers la première ; on eût dit qu'il croyait devoir un culte exceptionnel à la seconde ; en un mot, que son cœur était l'esclave de deux divinités, l'une temporelle, l'autre spirituelle.

Là, seulement, s'étendait la famille du sire de Tancarville. Le bon seigneur, pendant l'enfance de ses filles, avait essayé, pour dissiper ses chagrins, de partager leurs jeux, leurs amusements ; mais telle était la puissance aiguë de son mal, qu'il retombait toujours dans de sombres accès de désespoir, et s'arrachant des bras de ces pauvres enfants, il allait s'enfermer dans son appartement, où il demeurait immobile des journées entières. Un peu plus tard, il voulut déposer dans leurs âmes le germe des vertus essentielles à une bonne éducation; hélas! au lieu de le voir trouver dans cette noble et sainte occupation quelque heureuse diversion, on sentait s'accroître ses soucis : en un mot, ce père infortuné semblait trouver dans ses filles mêmes le sujet d'un doute cruel qui le torturait. Par moment il était comme engourdi et fixé à la même place, les contemplant l'une après l'autre avec une profonde attention, comme s'il eût voulu trouver dans l'une d'elles quelque chose de plus que dans l'autre; puis, fatigué de ce minutieux examen, il laissait retomber lourdement sa tête sur sa poitrine, et il se prenait à pleurer comme un enfant.

C'est dans ces dispositions qu'il avait rendu grave, austère, purement religieuse, l'éducation qu'il donnait à ses filles.

Les efforts du seigneur de Tancarville ne demeurèrent pas infructueux : Radegonde et Berthe semblaient selon lui se prêter avec une grâce infinie aux maximes de leur père; pourtant la seconde affectait moins de dévotion sévère, et l'esprit déjà viril de cette jeune fille, toujours occupée des sciences diverses qu'il cherchait à approfondir, ne laissait pas que de se développer d'une manière ample et large tout en s'élevant avec respect, conviction et humilité vers la grandeur suprême.

Mais s'il y avait une différence sensible dans l'esprit des deux sœurs, il y en avait une aussi notable dans le physique : Berthe avait une belle tête blonde, gracieuse et poétique ; les lignes pures et mignonnes de son profil, l'éclat de ses grands yeux reflétant l'azur, son teint blanc et rosé, son sourire frais et vermeil, sa taille élégante et noble, tout cela lui donnait l'air d'une reine. Radegonde était une grande jeune fille, sans dignité dans le maintien, sans noblesse dans la démarche ; son visage était pâle, froid et morne comme les ténèbres. La première était franche, naïve, cordiale et généreuse ; la seconde dissimulée, morose, peu sociale et souvent inhumaine ; celle-ci ressemblait en tout point à une ombre fantastique sortie de quelque cloître en ruines, celle-là rayonnait comme l'éblouissante clarté d'un génie, comme une suave inspiration.

Outre le châtelain, ses deux filles et une armée de valets, il y avait au manoir de Tancarville un autre personnage de bien peu d'importance, et que le suzerain gardait dans son château par souvenance des bons et loyaux services du père de ce *vassal :* c'était Raoul Lyndai, enfant de dix-huit ans, d'une taille au-dessus de l'ordinaire et d'une physionomie d'une étrange beauté. Le pauvre hère était depuis longtemps l'apprenti d'un certain Alexandre de Berneval, grand-maître des œuvres de maçonnerie du roi, et qui excellait dans l'architecture et la peinture sur verre; celui-ci habitait une délicieuse petite propriété qu'il avait fait construire auprès du château et dont il n'y a plus trace aujourd'hui.

Cet autre châtelain (ainsi se désignait-il) n'était plus un jeune homme, quoiqu'il eût la prétention de se donner pour tel. Court, sec, maigre, ratatiné, sa face était rubiconde, ses petits yeux ronds et fauves, ses lèvres minces et blanches, en un mot il était laid; mais il souriait et plaisantait toujours. C'était le seul qui eût alors l'insigne honneur de franchir la grande porte féodale du triste manoir.

Le moral de cet homme répondait fort à son physique: il avait le cœur le plus faux et le plus envieux qu'il y eût au monde. Il désirait sans cesse le bien d'autrui et étalait partout son luxe et son mérite, travaillant uniquement pour quelques louanges et non pour l'amour de l'art; mettant à profit l'adresse et le talent des pauvres artisans qui lui donnaient le secret de leurs œuvres pour quelques pièces d'argent, et se réservant toujours le droit d'y appliquer son nom; orgueilleux comme un paon, cupide plus qu'un juif, adroit et fin comme un renard. Aussi avait-il su conquérir les bonnes grâces du sire de Tancarville, qui cherchait dans cet homme une distraction qu'il ne voulait pas se donner la peine de trouver ailleurs. Après ses filles, c'était maître Berneval que le baron aimait le plus ici-bas.

Maître Berneval, disait toujours le bon châtelain, est le modèle des travailleurs ; le roi Charles VII de France lui donne sa confiance, pourquoi ne lui donnerais-je pas mon amitié ? C'était raisonner avec bon sens pour ce temps-là, où tout ce qui avait rapport à la grandeur était si puissant. Donc, on le voit, Mgr le baron était un vieillard rusé. C'est ainsi, et par cette grande affection, que maître Berneval avait choisi son principal apprenti parmi les vilains du manoir de Tancarville, et que son attention était tombée sur le jeune Raoul, dont l'intelligence annonçait de grandes dispositions pour l'avenir.

Contre l'ordinaire des enfants qui sont reconnaissants du bien qu'on leur fait, Raoul ne témoigna jamais aucune gratitude envers son maître ; il devenait sombre et sauvage chaque fois qu'il était obligé de se faire le commensal du grand architecte, et il reprenait bien vite son beau naturel chaque fois qu'il était de retour au château. Aussi Berneval venait-il dire souvent au vieux baron : « Par l'eau merveilleuse de la falaise d'Or-
» cher ! ce vassal est étrange ; mieux je l'accueille
» plus il me redoute ! !... » C'est un imbécile, répon-

dait le baron sans prendre garde à tout cela. Et il parlait d'autre chose.

Le sire de Tancarville se trompait, et outrageait grandement le jeune Lyndai en le traitant de la sorte. Raoul n'était pas un imbécile, bien s'en faut; il annonçait même assez d'esprit et de sens. Mais, pour une cause inconnue, il n'aimait point maître Berneval, dont une volonté secrète l'avait obligé à devenir l'élève.

Raoul était seul au monde, car son père était mort tout près de Tancarville, lors de ce fameux démêlé, où mille habitants de Caudebec succombèrent les armes à la main en cherchant à soulever le joug et l'oppression anglaise. Quant à la mère de ce pauvre orphelin, elle avait rendu l'âme un peu après la mort de la baronne, et avait laissé Raoul, alors âgé de six ans, à la garde du bon seigneur.

Avant ce double événement, le jeune vassal était un enfant digne d'envie : Mme la baronne, qui n'était pas encore mère, se plaisait à le regarder comme son propre enfant; aussi l'emmenait-elle dans de lointaines excursions qu'elle faisait au-delà des coteaux qui avoisinent Oudales. Mais ce temps avait bien vite passé, trop tôt fini. Une fois la baronne donna le jour à une charmante petite fille et mourut; l'enfant suzerain fut confié à la mère de Raoul qui devint dès lors sa gouvernante ; et un autre jour, dans le berceau de l'héritière de Tancarville on trouva deux petites filles au lieu d'une, mais si semblables en tous points, qu'il fut impossible à la pauvre dame Lyndai de décider laquelle était réellement la fille du baron. Dès lors, le petit Raoul ne courut plus joyeux et folâtre le long des rives enchantées de la Seine ; dès lors, on ne le vit plus sur la falaise escalader la pierre *gante*. Son joli front laissa voir, sous les petites boucles de ses cheveux, quelques soucis tout noirs et tout étranges. Le papillon, dès lors libre et plein de quiétude, voltigea audacieusement autour de lui, et l'alouette, dont il ravageait toujours le nid, ne craignit plus pour ses petits. L'âge d'or revenait dans la nature depuis que Raoul était triste, depuis que sa jeune suzeraine qu'il aimait tant à bercer naguère avait une sœur jumelle. Il ne se signala plus par tous ces exploits dans lesquels il avait brillé pendant sa fameuse guerre aux insectes ; les petites filles des manants n'eurent plus à admirer sa gentille tournure quand il pillait les arbres à fruits, dépouillait les parterres émaillés, lançait une fronde aux vilains ses voisins ; car à partir de cette époque, Raoul demeura toujours solitaire et pensif dans un coin de la grande salle d'attente de la tour de l'Est, tour qui n'était plus occupée que par dame Lyndai. Là, la tête basse et le corps affaissé, il fuyait tout le monde, et craintif et silencieux, redoutait surtout de traverser les longues galeries qui sillonnaient cette immense tour déserte du haut en bas.

Un autre jour, encore voisin de tous ces événements, dame Lyndai mourut sans laisser à son petit Raoul aucun parent qui pût prendre intérêt à lui; et comme Jacques Lyndai, son mari, avait été utile au seigneur de Tancarville dans plus d'une circonstance, le baron ordonna, en considération des services de cet homme, que son enfant ne quitterait point le château, et serait confié à la nouvelle gouvernante des demoiselles de Tancarville; car il avait bien fallu que le bon châtelain s'accoutumât à dire mes filles, plutôt que ma fille, puisqu'il ne savait point laquelle était la sienne propre.

Depuis la mort de dame Lyndai, quelques-uns prétendaient que le diable avait enlevé cette pauvre femme, parce qu'elle avait mal accueilli la seconde fille que Satan avait apportée au seigneur suzerain, et que les malins démons tourmentaient le petit Raoul et lui inspiraient de l'envie contre la nouvelle venue. D'autres affirmaient voir toutes les nuits, dans l'une des salles extérieures de la tour, un fantôme agiter un monstre ailé : ils ajoutaient alors que c'était sans doute l'esprit de la dame de

Tancarville qui viendrait pour tout de bon, une fois ou l'autre, déclarer laquelle des deux demoiselles était sa propre fille. D'autres enfin disaient que l'esprit du mal était venu fondre sur le manoir de Tancarville dans la personne de la deuxième fille du baron.

Quoi qu'il en fût, le petit Raoul devenait chaque jour de plus en plus soucieux. Un beau matin une délicieuse habitation, toute fraîchement construite dans les environs du manoir, ouvrit ses portes à un certain François de Berneval qu'on avait vu souvent rôder dans la baronie. Il venait s'y installer ainsi que son auguste moitié, dame Hildeberge-Aldegonde-Nanon-Houdegarde-Brunehaut de Berneval, qu'il présenta au baron de Tancarville dès qu'il put trouver le moyen de s'introduire dans le manoir alors si triste et si morne. Puis, longtemps après, Raoul Lyndai devint l'apprenti de ce maître fameux et le vassal de dame Brunehaut. C'est ainsi qu'allèrent les choses jusqu'à l'époque qui commence cette histoire, époque qui avait salué le dix-huitième printemps du savant Lyndai.

CHAPITRE II.

—

La Tour de l'Est.

> Pourquoi ne veux-tu donner Sanchette à quelqu'un dont les enfants seront appelés *Votre Seigneurie?* Te sera-t-il donc si dur de t'entendre appeler dona Théréza Pança ; de te voir assise à l'église sur de bons coussins de velours, en regardant dessous toi des filles de gentilshommes? Allons..... plus de réflexion, ma fille sera comtesse. (CERVANTES.)

MAÎTRE François de Berneval était étendu dans l'un des vastes fauteuils de son salon vert. Minuit avait sonné. Tout sommeillait dans le voisinage, c'est-à-dire au château de Tancarville, attendu qu'il n'y avait, derrière la falaise, qu'une vaste forêt élevant jusqu'aux astres son immense dôme de verdure.

Tantôt l'architecte prêtait l'oreille, dans le silence de la nuit, avec une vague terreur, car le vent de l'orage grondait sourdement; tantôt il donnait exclusivement son âme à un rêve d'ambition, le même qu'il poursuivait depuis douze ans; et il calculait combien il lui faudrait encore de temps avant de le voir se réaliser.

Quand il eut bien et longtemps caressé l'illusion qui faisait tant sourire son âme, il se leva avec agitation, puis se prit à marcher d'une vitesse extraordinaire, comme s'il eût voulu enseigner à Saturne le moyen d'avancer plus rapidement. Ma fille! murmura-t-il tout à coup, ma fille chérie élevée aux honneurs! unie à un gentilhomme de la cour! et cela par mes soins, par mon immense sacrifice... car j'ai fait un immense sacrifice, moi, en me séparant de mon enfant dès sa naissance, afin qu'elle fût confondue avec l'héritière de Tancarville; j'ai fait un immense sacrifice en l'arrachant des bras de ma pauvre Brunehaut, pour l'aller porter dans le berceau de la fille du baron. Mais quand donc la verrai-je châtelaine? Car il faudra bien que le baron partage entre ses deux filles son colossal héritage, puisqu'il les a confondues toutes les deux dans son amour de père, puisqu'il ne saurait dire laquelle est sa véritable fille, tant ces deux chérubins *se ressemblent*. Eh! eh! Tancarville se fait vieux, et il y a encore quatre ans avant qu'il puisse songer à l'établissement de ses filles, et moi.... oh! moi j'ai déjà... Hum! poursuivit-il en ramenant sur le devant de sa tempe chauve, certaine mèche indocile, si j'allais mourir avant de voir ma fille châtelaine!!!...

C'est cette pensée qui lui revint pour la centième fois, lorsqu'il était étendu dans le fauteuil à cariatides de son salon vert, à l'heure de minuit. Une ride aussi profonde que celles qui sillonnaient le visage du baron son voisin, vint se creuser sur son front, puis sa physionomie exprima mieux que jamais ce sentiment qu'on a peine à décrire, et que les poètes anciens se sont plus à représenter sous la forme d'une furie coiffée de serpents et de couleuvres, l'envie.

— Elle sera comtesse ou baronne, reprit-il en retombant lourdement assis. Oh! il ne sera pas dit que la pauvre petite ait été, dès sa plus tendre enfance, séparée des auteurs de ses jours, sans que cette cruelle destinée ne l'ait amenée à bonne fin. Ma fille, ma fille chérie! elle deviendra châtelaine, suzeraine et noble dame, ou mon âme ira vers Satan.

Cette condition n'était qu'une gasconnade, une fanfaronnade, attendu que l'âme de maître Berneval était déjà depuis longtemps en possession de l'ange déchu. Néanmoins l'ambitieux frissonna après avoir prononcé son exclamation habituelle. La nuit profonde qui régnait au dehors l'effraya ; il crut entendre un gémissement sourd. Les tentures de fine laine et de soie du salon vert ondulèrent soudain, comme si l'aile du diable les eût frôlées en passant. Mais bientôt tout retomba dans le silence.

— C'était le vent, murmura-t-il en cherchant à se rassurer, il y a tempête au dehors, mes *manants* auront laissé quelque courant d'air. Donner mon âme au diable, reprit-il avec effroi. Bast !!!... je l'ai fait moi-même le diable, lorsqu'il y a douze ans je ne savais comment m'y prendre pour faire admettre d'autorité ma fille dans la seigneurie de Rouergue. Et c'est au milieu d'éclairs et de rondes infernales fort bien improvisées, que j'ai pu me rendre maître du berceau de l'héritière de Tancarville, si bien que la pauvre dame Lyndai en est morte de crédulité. Pauvre femme, que Dieu l'ait en sa sainte garde !

L'architecte se signa.

Hé ! hé ! poursuivit-il en ricanant; pour une belle et grande destinée que j'ai usurpée pour mon enfant, ne faudrait-il pas me croire déjà au milieu des lutins et des démons de l'enfer...Quant au petit Lyndai, qui avait alors six ans et qui a tout vu de ses grands yeux.....

L'architecte n'acheva pas. A ces dernières paroles, un second soupir plus long et plus plaintif que le premier recommença. Maître Berneval tressaillit de nouveau, et crut voir un coin de la draperie se soulever, puis le beau galbe de Raoul se dessiner sur la muraille. Mais cette apparition s'effaça si vite, que l'architecte crut avoir été dupe d'une étrange hallucination.

— Après tout, se dit-il en reprenant assurance pour la deuxième fois, et en cherchant à secouer sa terreur, ce maraud me trotte toujours par la tête; il n'est pas surprenant que j'aie cru le voir tout-à-l'heure. C'est qu'il en dirait bien long, le jeune Raoul, s'il n'avait été pris comme sa sotte et faible mère au piége diabolique que je leur ai tendu, et s'il n'était certain que Satan en personne apporta une seconde héritière à Tancarville, je crois que ce serait fait de moi, car je vois bien qu'il a conservé le souvenir des traits du diable improvisé, puisque quand je l'approche il recule. Mais sa bonne foi et sa crédulité me sauveront. Ce n'est pas Raoul qui avouera que la voix tonnante, dont l'éclat a si bien réussi, était la voix de François de Berneval; il m'a vu dépouiller de ses langes la fille du baron, afin que toute trace de lumière fût perdue, et que ces deux enfants nus et semblables en tous points fussent mieux confondus; mais il sera discret le jeune Raoul, discret comme sa mère qui est muette depuis tantôt douze ans.

Un grincement lugubre et terrible éclata soudain. Maître Berneval fit un soubresaut et se rapprocha vivement du foyer, comme s'il se fût senti glacé par l'atteinte du vent d'orage. Alors, moitié pour chasser de son active imagination ce dernier souvenir, moitié pour se donner un avant-goût de la béatitude qu'il éprouverait lorsque sa fille aurait atteint la destinée qu'il lui créait, il plongea sa pensée dans l'un des antiques manoirs du baron de Rouergue, manoir qu'il convoitait pour sa fille, et il s'endormit au milieu des plus vénérables songes dont l'ambition satisfaite eût fait rugir de bonheur Satan lui-même.

Qu'était-ce que la tour de l'Est? . . . l'une des deux grandes tours du château de Tancarville, celle qu'on prétendait être traversée si souvent, à son sommet, par une ombre blanche, celle dans laquelle habitaient Berthe et Radegonde, Raoul et leur gouvernante. Cette tour était la terreur de Lillebonne, Harfleur, et tous les environs. Les paysans se signaient en cotoyant le vaste fossé qui la bordait, et ils répétaient toujours que le diable avait exercé là ses méchants tours, ses impitoyables sorcelleries, qu'il y avait conduit son sabbat, et qu'il réservait à cet infortuné manoir toutes ses infernales diableries, tout son malin bacchanal. C'était dire que la puissance de Satan était alors aussi forte que la puissance féodale. Quoi qu'il en fût, il était évident qu'un malin esprit (de quelque nature qu'il fût) était venu fondre sur le fief en général, et y avait établi son pied-à-terre.

D'immenses galeries, un nombre prodigieux de pièces poudreuses, sombres, lugubres et destinées dans le temps à recevoir les hôtes du châtelain, tel était l'intérieur de la tour de l'Est. Au rez-de-chaussée, il y avait seulement des appartements occupés par les demoiselles de Tancarville et leur gouvernante. Pour l'extérieur, la tour était comme le reste du manoir, construite dans un style saxon. Toute grise de vieillesse, elle dressait bien haut la toiture pointue de son dôme crénelé; mais elle était encore solide, et lorsque les brusques rafales de la tempête venaient s'abattre contre sa lourde masse et frapper ses fenêtres, on eût dit un rocher de l'Oural attendant gaillardement les formidables aquilons de Sibérie. — Revenons à maître Berneval que nous avons laissé endormi.

En rêvant, il se vit bientôt transporté dans la susdite tour; il y marchait d'un pas leste et joyeux, se souciant fort peu du mugissement de la tempête qui grondait aussi dans son rêve. Il entra bientôt dans une immense salle dont les splendides tentures de brocard, les épais et moëlleux tapis de fourrure, les lambris de chêne sculpté, les lustres étincelants d'or et de lumière, les girandoles au resplendissant cristal de roche, n'étaient rien auprès de la foule dorée qui se pressait là et rendait le coup d'œil enchanteur, magique.

Par saint Romain ! notre architecte était ébloui, émerveillé, transporté, et se fût peut-être éveillé de joie, si deux étranges apparitions, l'une toute blanche à sa droite, l'autre toute noire à sa gauche, ne fussent arrivées tout à coup pour tenir ses sens en suspens. Par un mouvement bien naturel, instinctif et machinal, il donna la préférence à l'apparition de droite et fixa sur cette ombre vaporeuse ses petits yeux fauves et clignotants. Quelle fut sa stupeur, quel fut son ébahissement, lorsqu'il reconnut dans toute sa gracieuse majesté la reine, Marie d'Anjou, épouse du roi Charles VII de France. Il plia un genou en terre, et voulut, je crois (les particularités du songe m'échappent), imprimer ses lèvres sur la main de cette femme dont la clémence était alors en renom, et qui, dans un instant bien critique, avait vendu argenterie et pierreries pour le payement des troupes françaises; Berneval voulut, dis-je, baiser cette main royale, lorsque l'autre apparition, le tirant par son vêtement, obligea le pauvre fou à retourner la tête. Ceci lui parut un peu dur; car cette sombre apparition n'était rien moins que le jeune dauphin, celui qui, plus tard, devait succéder à Charles, sous le nom de Louis XI. Le prince, tout de velours habillé et coiffé d'un ancien mortier, avait alors une expression si rude et si revêche, ses yeux étaient si sombres, que le pauvre Berneval frissonna de la tête aux pieds.

Félon! murmura le jeune Louis en plissant ses lèvres comme pour amener sur sa bouche un aride sourire qui ne vint point. (Il y avait alors tant de dissimulation dans le regard du dauphin, que l'architecte ne sut s'il plaisantait ou voulait châtier.) Félon!! poursuivit Louis en ramenant respectueusement sur son épaule le bras de sa mère qui semblait vouloir le fuir, on dirait que tu trembles.

— C'est votre seigneurie qui m'impose et me confond, mon prince, articula maître Berneval d'une voix chevrotante.

— Nous sommes, poursuivit Louis du même ton de sarcasme, les deux génies de Tancarville; et nous venons, la reine ma mère pour protéger, encourager et récompenser, moi pour accuser et punir.

Berneval voulut s'agenouiller de nouveau; mais le jeune Louis l'arrêta, et déroulant un vaste parchemin, l'architecte aperçut le plan de l'église de St-Ouen de Rouen, à laquelle il avait beaucoup travaillé; l'ambitieux ne comprenant guère l'intention du prince, leva les yeux sur lui, mais le dauphin lui répondit en lui désignant l'exposé de l'église : « Il manque un ouvrage à ce monument célèbre ; » regarde et souviens-toi ! »

L'architecte regarda en effet, et vit que l'une des fenêtres de l'église n'avait pas été tracée, et qu'il y avait à sa place un vide défectueux.

Comme Berneval allait répondre affirmativement, soudain il crut voir se prosterner devant la reine la propre fille du baron accompagnée du jeune Raoul. Dès lors Marie d'Anjou prenant le plan, le remit entre les mains des deux enfants et disparut avec eux dans un nuage d'or. Puis maître Berneval se trouva seul avec le dauphin qui, le toisant avec mépris, lui dit :

— Prenons, au travers des longs corridors de cette tour, le chemin que tu pris, il y a douze ans, pour y conduire le sabbat et y accompagner le malin ; je veux voir la chambre du berceau des héritières de Tancarville.....

Berneval traversa avec le dauphin un grand nombre de salles poudreuses, froides et humides, qui toutes présentaient une physionomie sombre, triste et lugubre ; puis ils entrèrent dans une chambre dont l'aspect était plus morne encore. La tapisserie au petit point, qui accompagnait les moulures, avait considérablement souffert de l'humidité, et les vitres brisées, battues par la tempête, laissaient pénétrer la pluie qui tombait ruisselante dans cette salle abandonnée depuis douze ans.

— Est-ce là? murmura Louis le Dauphin en fronçant le sourcil et en jetant de tous côtés de sinistres regards. Cette chambre me déplaît, ajouta-t-il en rembrunissant davantage son front. Et où a-t-elle issue ?

— Sur la campagne, répondit bénévolement Berneval, et voici une porte secrète qui en ouvre le conduit souterrain.

Cela dit, Berneval ouvrit la porte dissimulée dans les boiseries de la chambre mystérieuse; mais il recula épouvanté, car un spectre sortit immédiatement du conduit et s'avança jusqu'au milieu de la pièce délabrée. Ce spectre était la fille de Berneval :

— « *Et c'est par une porte mystérieuse, dont le* » *conduit souterrain a issue dans la campagne,* » *que vous portâtes, il y a douze ans, votre fille* » *dans le berceau de l'héritière de Tancarville ?*

. . . .

Il faut croire que cette exclamation eut un terrible écho dans le tympan du pauvre architecte; car il s'éveilla en sursaut et se leva tout d'un trait comme un ressuscité sortant du sépulcre. Le rêve était dissipé ; la vision avait fui ; la chambre déserte de la tour de l'Est s'était éloignée, et pourtant la sombre apparition était là réellement, debout devant François de Berneval : mais ce n'était pas Louis le dauphin, c'était tout simplement Raoul Lyndai, dont le visage reflétait alors une beauté virile et imposante, un air martial et menaçant, Raoul Lyndai, qui n'avait pas quitté de toute la soirée l'appartement de son maître, et qui avait été témoin du dialogue à haute voix que l'agitation de son rêve lui avait arraché.

« *Et c'est par une porte mystérieuse, dont le* » *conduit souterrain a issue dans la campagne,* » *que vous portâtes, il y a douze ans, votre fille* » *dans le berceau de l'héritière de Tancarville?* » reprit Raoul avec un ton de franche autorité. . . .
. . . . »

Ici François de Berneval tomba à la renverse. Et le lendemain matin, lorsque les valets entrèrent dans le salon vert, ils eurent à porter dans son lit à baldaquin le grand-maître des œuvres de maçonnerie du roi Charles VII de France, qui, selon le dire de tous, avait eu cette nuit-là un entretien secret avec le diable.

CHAPITRE III.

Berthe et Louis le Dauphin.

Ce Dieu, maître absolu de la terre et des cieux,
N'est point tel que l'erreur le figure à vos yeux.
L'Éternel est son nom : le monde est son ouvrage,
Il entend les soupirs de l'humble qu'on outrage.
(RACINE.)

DANS l'un des plus jolis fossés du chemin auquel aboutissait le pont-levis du château, fossé tout émaillé de boutons d'or et de blanches marguerites, deux jeunes filles étaient assises, ayant entre elle un immense paquet de pâquerettes destinées à leur faire des guirlandes. L'une d'elles était brillante d'espérance et de beauté, et ressemblait à l'étoile matinière : c'était Berthe ; l'autre pâle et sombre comme un nuage d'ouragan : c'était Radegonde. La première abandonnait gracieusement à sa sœur les plus jolies fleurs de la touffe de neige qui les occupait ; la seconde, par de brusques mouvements, les recevait sans goût, sans plaisir et comme si elle eût toujours été habituée à de telles prévenances.

Partout, devant elles, s'offraient les fraîches et piquantes beautés des environs de Tancarville. Tout à l'entour, se dressait le vaste plateau de la Cerlangue qui oppose aux regards de la Seine ses grands coteaux à profondes vallées ; des ruisseaux serpentins, des étangs qui les reçoivent, l'aspect de Quillebeuf, à l'autre rive, étendant à perte de vue son horizon sans limites, puis tout près, les ailes gigantesques du château de Tancarville ombragé par ses vieux tilleuls et ses hêtres immenses, tout ce délicieux tableau était alors illuminé par les flots du soleil qui animait encore ce ravissant paysage.

Tout à coup un grand mouvement sembla s'opérer au bout de l'avenue dans laquelle se reposaient nos deux jeunes filles ; puis bientôt elles entendirent le bruit d'un grand nombre de personnes et celui de quelques pas de chevaux. Alors Berthe, vive et curieuse, se leva soudain, et étendant sa jolie main vers sa sœur :

— Radegonde! viens, viens voir.

— Viens donc, répéta-t-elle, en saisissant l'autre par le bras, ce sera trop tard.

Lorsqu'elles furent arrivées au bout de l'avenue, elles s'arrêtèrent, car un brillant cortége s'avançait en croisant le sentier dans lequel elles étaient : c'étaient des hommes d'armes aux brillantes armures, ou aux flexibles cottes de mailles et aux élégants panaches; leurs coursiers marchaient au pas. Ils venaient d'Orcher, et ils traversaient le coteau de Tancarville pour suivre les bords de la Seine et éviter la forêt.

Le cortége défila lentement à la grande admiration de Berthe qui ne voyait pas souvent pareil spectacle, et qui, ce jour-là, semblable à l'hirondelle, fille de la liberté, avait trouvé moyen de sortir de sa froide et humide demeure pour respirer l'air tiède et bienfaisant de l'indépendance. Mais bientôt arriva un tout jeune cavalier dont la nonchalance pleine de distinction, la bonne allure, l'élégante tournure, le port majestueux et l'uniforme gracieux trahissaient assez quelque puissant seigneur. Jeune, beau, bien fait, ses yeux brillaient d'une sombre énergie, sa mine brune était fière, son front vaste et hardi. Un écusson brodé sur le devant de son vêtement, annonçant un blason particulier, faisait voir qu'il était bien supérieur aux hommes d'armes qu'il laissait cheminer devant lui. Lorsqu'il fut arrivé devant les deux jeunes châtelaines, son cheval se cabra; Radegonde voulut fuir, mais Berthe la retint, trouvant plaisant de regarder la gentille tournure avec laquelle le beau cavalier savait dompter le fougueux animal. Aussi le jeune prince, dans son orgueil enfantin, prit-il plaisir à le faire caracoler, tandis que Berthe, toute frémissante de plaisir à la vue d'un tel spectacle, fixait sur l'inconnu son regard naïf, curieux et si doux. Cependant le jeune seigneur arrêta son cheval, sans doute pour juger de l'effet que produisait sur les deux petites suzeraines sa grande et surprenante adresse : à ce mouvement Berthe rougit, tant la supériorité de l'inconnu la couvrait de sa majesté naissante, et elle cacha ingénument sa blonde tête derrière l'épaule de Radegonde, laquelle jeta à l'adroit cavalier son regard habituel de haineuse et niaise sauvagerie.

Il y avait alors un étrange contraste dans la toilette des deux sœurs : Radegonde était vêtue d'une robe veloutée à teinte éclatante, toute chamarrée de broderies d'or, comme les portaient les nobles *damoiselles* d'alors ; mais ce brillant costume, au lieu de rehausser les traits de la fière jeune fille, ne servait qu'à donner à sa physionomie quelque chose de plus fauve, de plus douteux encore. Sa chevelure noire et rude était couverte de l'une de ces coiffures de velours cramoisi qui se plaquaient impérieusement sur la tête et se terminaient en une pointe d'où s'échappait un voile aux liserés d'or; éclat original, qui attestait bien la futilité des grands personnages du 15e siècle. Tout ce brillant apparat ne donnait pourtant aucune distinction au maintien pas plus qu'à la physionomie de Radegonde, et la faisait ressembler, tant sur elle ces fiers oripeaux paraissaient empruntés, à quelque pauvre vassale qu'on aurait pris plaisir à travestir en jeune baronne, et qui eût voulu par conséquent jouer à la *petite châtelaine*.

Berthe, au contraire, dont le profil, d'une irréprochable pureté, revêtu d'une expression grave et méditative, inspirait au premier coup d'œil u sentiment de respect et imposait doucement, tant l'essence de cette enfant répandait autour d'elle de suave poésie; Berthe, dis-je, était enveloppée dans les draperies d'une longue robe qui semblait s'attacher à la terre. Cette robe était d'un blanc diapré: le reflet en était si varié et si vague, l'étoffe si matte et si moëlleuse à la fois, le corsage, à basques et aux larges manches doublées d'hermine, si gracieux, que le jeune seigneur crut voir une de ces idéales créatures que la vaporeuse imagination des poètes a rêvées, et que l'on nomme les anges. Et puis une cordelière d'or serrée autour de la taille svelte de l'enfant, et qui laissait reposer ses glands à grosse crépine sur des pieds emprisonnés dans le velours, achevait l'illusion du prestige. Bien plus encore, les blondes berthes de la jeune fille, natées avec une précision extrême, étaient entourées d'une rivière d'opales qui revenait couronner le front, et se perdre par derrière dans une touffe de tresses.

On conçoit aisément que le goût qui avait présidé à la distinction de cette toilette, était bien fait pour attirer l'attention de quiconque se fût arrêté là. Le jeune seigneur, après avoir examiné l'enfant selon son bon plaisir, et jeté sur sa sœur un coup d'œil défavorable, le jeune seigneur, dis-je, allait reprendre sa course, lorsque quelques villageois, attirés par le brillant équipement du cavalier et de sa suite, s'approchèrent vivement, mais reculèrent pleins d'effroi en fuyant les demoiselles de Tancarville qu'ils venaient d'apercevoir.

— Ces enfants, demanda l'inconnu d'un ton de reproche sévère, ne sont-elles pas les châtelaines de Tancarville.

— Oui, Monseigneur, hasarda l'un des vassaux du baron.

— Hé bien! reprit-il impérieusement et d'un air superbe, elles sont vos suzeraines, et vous devez les respecter, non les fuir.

— C'est que..... fit l'un d'eux en se signant très-dévotement.

— Oui, c'est que..... fit un autre en exécutant avec contrition le même geste.

— Qu'est-ce? demanda l'étranger avec humeur.

— C'est qu'il y en a une qui est la fille de Satan, hasarda un troisième plus hardi, et que depuis que le diable l'a amenée au manoir de Tancarville, nos récoltes sont mauvaises et nos fruits ravagés par des multitudes d'oiseaux.

— Rustres et manants! stupides ignorants!! s'écria l'enfant cavalier en donnant à sa physionomie une indicible expression de mépris et de colère; faut-il que des êtres sortis de la main du Tout-Puissant, négligent à ce point la reconnaissance qu'ils lui doivent, en forgeant ainsi dans leurs imaginations de vains fantômes qu'ils établissent à sa place souverains de l'univers.

— Et sur laquelle de ces deux jeunes filles est tombé l'anathème? reprit-il avec une supériorité qui tenait de la royauté.

Les villageois demeurèrent silencieux et se reculèrent encore, tant ce langage contrastait avec leurs grossiers principes, leur superstition ridicule.

— Sur moi, Monseigneur, reprit Berthe en courbant la tête tristement et en la relevant ensuite avec un air charmant de spirituelle résignation.

— Sur vous, ma gentille? exclama l'inconnu en souriant malgré lui. Ah !.... vous n'êtes donc pas la fille du baron de Rouergue, seigneur de Tancarville, lequel a été désigné au roi Charles VII de France, pour l'un de ses plus riches vassaux !

— Le baron de Rouergue ignorant laquelle de nous est véritablement sa fille, nous traite toutes les deux avec la même tendresse.

— Sur ma parole, voici une piquante et merveilleuse histoire; achevez-la, ma belle demoiselle, achevez-la, de grâce, continua l'étranger en descendant de sa monture, et en invitant Berthe et Radegonde à venir s'asseoir dans le fossé qu'elles venaient de quitter, je la veux raconter ce soir à votre reine Marie d'Anjou, qui aime fort les gracieux épisodes.

Sur ce, les deux petites suzeraines prirent place aux côtés de l'inconnu qui, se couchant paresseusement sur l'herbe, appuya sa brune tête pleine de rêveries et de poésie dans l'une de ses mains, et cria à son escorte d'aller rejoindre son avant-garde, et de l'attendre au petit village de Pradicatel, où il ne tarderait pas à se rendre lui-même.

— Vous disiez donc, ma gracieuse petite châtelaine, que le baron ne possède véritablement qu'une fille, et que l'autre lui est venue... de Satan, qui l'a sans doute envoyée à votre père par son grand chambellan?

A ces mots, Radegonde, indignée d'une telle plaisanterie, se signa et joignant les mains, détourna son regard du jeune et impie cavalier.

— Pardon, Monseigneur, reprit Berthe en éclairant son beau visage d'un sourire angélique, je ne prétends pas dire que l'une de nous ait été amenée au château de Tancarville par Satan. A Dieu ne plaise que j'aie une telle pensée!! Nous sommes toutes les deux les enfants de l'Eternel, mais nées de parents différents. Un jour, dans le berceau de la fille du baron de Rouergue, on trouva deux petites filles au lieu d'une, et comme depuis douze ans l'on n'a pas encore pu savoir de quelle façon cet évènement se passa, les ignorants de notre contrée ont bien voulu accuser le diable de cette mystérieuse aventure; et comme la ressemblance intacte de nos premières années a empêché le seigneur de Tancarville de distinguer son propre enfant, il nous a confondues toutes les deux dans sa tendresse et son amour.

— Pourquoi alors, l'anathème populaire est-il tombé sur vous, plutôt que sur votre sœur, mon enfant?

— Parce que je ne cesse de répéter à tous, qu'il ne faut pas croire au démon. En effet, Monseigneur, j'ose le répéter devant vous, l'Être unique, surnaturel que nous adorons et qui nous comble de biens, est trop puissant, trop grand, trop épris de ses créatures, pour partager avec un mauvais génie le gouvernement de son sublime, de son *indivisible* empire.

— Le démon, reprit-elle après une pause, oui il existe... Mais ce n'est autre chose que le péché tentateur; c'est l'esprit du mal s'insinuant dans notre cœur pour nous entraîner hors du devoir. Les poètes ont voulu lui donner un corps, une forme: ils l'ont représenté sous les traits d'un mauvais ange, et ceux qui n'ont pas compris l'allégorie ont cru à une réalité.

Un éclair de haine jaillit alors des yeux de Radegonde, qui fixa avec mépris et dédain son regard sur Berthe; mais il y avait dans les larges prunelles bleues de cette dernière une flamme, dont l'éclat électrique fascina la superstitieuse et la fit pâlir, comme cette étoile incertaine, perdue dans le vague de l'immensité, pâlit aux premiers rayons du soleil levant.

— C'est bien, cela, murmura le jeune seigneur en jouant avec une dague dont la garde était ornée des armes de la maison de Valois, c'est bien. Et par qui croyez-vous que la fille adoptive du baron ait été amenée dans sa maison?

— Par quelque infortuné, obligé, peut-être, de suivre les armées du roi notre sire, Monseigneur.

— Si c'est là votre opinion, elle est digne de votre bon sens, m agentille; du reste, je le saurai moi, avant peu, je vous le promets, et je vous en tiendrai un compte exact en accompagnant incessamment la reine Marie au château de Tancarville qui fut visité, dit-on, il y a près de deux cents ans par la belle Jeanne de Navarre et son royal époux.

— Ce sera un honneur auquel nous n'osions prétendre, Monseigneur, exclama Berthe en se levant.

— N'avez-vous rien à demander, aucune protection à réclamer? continua l'inconnu qui, pendant cette courte conversation, avait peu à peu éclairci sa physionomie naguère sombre et austère.

— Rien, Monseigneur..... Ah! si fait!!... mais je n'ose.....

— Parlez, de grâce, que craignez-vous?

— Il y a au château un pauvre orphelin dont mon père a pris soin jusqu'à ce jour, et qui excelle dans l'architecture, la sculpture et la peinture sur verre.

— Eh bien!.... cela me prouve que la maison de Tancarville est un château hospitalier; la reine Marie ne craindra pas de s'y arrêter.

— La reine, Monseigneur. C'est précisément pour la reine que j'ose vous recommander celui... dont je vous parle.

— Ah! ah! fort bien, je comprends. Vous voulez que je le lui présente comme un génie de renom, afin qu'elle lui fasse une haute réputation dans les arts.

—Précisément, répondit Berthe toute radieuse en agitant ses mignonnes petites mains, comme l'enfant auquel on vient de promettre un beau jouet. On le nomme Raoul Lyndai. Il est le premier élève de François de Berneval, maître des œuvres de maçonnerie du roi notre sire; n'est-ce pas déjà, Monseigneur, un crédit près de votre indulgence?

L'enfant cavalier, ému jusqu'au fond de l'âme et sentant ses paupières humides, lui dit, en secouant sa chevelure pour secouer aussi son émotion: Mais vous lui portez donc un bien grand intérêt à ce pauvre orphelin?

—Oh! oui, car il est aussi notre frère. La baronne de Tancarville l'affectionna jusqu'à sa mort. Elle l'avait aimé comme son propre enfant.

A ces mots, la petite pencha doucement sa tête mélancolique. . . . .

. . . .

Et la rivière d'opales dont l'éclat jaillissait de son front comme une brillante auréole, s'éteignit peu à peu, et transforma ses feux si variés en une teinte blafarde, semblable à l'essence du regret éternel.

— Ah! ah! fit l'inconnu en examinant attentivement les deux sœurs, et en arrêtant son regard courroucé et inquisitorial sur la froide et impassible physionomie de Radegonde, l'épisode se continue d'une manière charmante. Eh bien! poursuivit-il, indiquez-moi, je vous prie, la demeure de maître Berneval, et je vais lui proposer, à lui et à son savant élève, deux ouvrages qui ne manqueront pas d'attirer à ce dernier l'attention, les égards et les bonnes grâces de Marie d'Anjou, votre gracieuse souveraine.

Quelques instants après Louis le dauphin, fils de Charles VII et de Marie d'Anjou, entrait chez l'architecte Berneval; et Berthe et Radegonde se tenant par la main, retraversaient, en semant leurs pâquerettes, le pont-levis du château de Tancarville.

CHAPITRE IV.

Louis le Dauphin et Raoul Lyndal.

Je suis, dit-on, un orphelin,
Entre les bras de Dieu, jeté dès ma naissance,
Et qui de mes parents n'eus jamais connaissance.
(RACINE.)

C'ÉTAIT alors l'époque désastreuse de la France guerroyant contre l'Angleterre.

Une jeune servante d'auberge, dont l'exaltation avait été utile au pays, venait de relever la monarchie qui s'écroulait; et l'armée entière, ranimée par l'enthousiasme de cette vierge hardie, avait acquis une audace belliqueuse. Le roi lui-même, encouragé par l'héroïsme de cette fille du peuple, n'était plus spectateur oisif des événements, et se signalait par des actions d'éclat. Puis la paix conclue avec Philippe-le-Bon avait achevé de fortifier Charles VII, et l'avait mis en état de chasser les Anglais; puis encore le comte de Richemont et le grand Dunois venaient de se rendre maîtres de Paris et de la Bastille. La sécurité revenait dans les esprits troublés, à mesure que les gens d'Albion fuyaient le continent, et si notre infortunée libératrice avait été, malgré son courage et ses services immortels, brûlée comme magicienne, du moins sa prédiction solennelle, faite sur le bûcher, ne s'en réalisait pas moins..... *le bras de Dieu* commençait *à se lever pour frapper les Anglais*.

C'est pendant ces troubles prolongés que la *tant clémente* Marie d'Anjou, femme accomplie pour sa douceur, sa patience et sa résignation, élevait à l'écart son fils Louis, objet sacré de sa plus chère prédilection. Pauvre princesse, qu'une fatalité bien cruelle avait unie au plus faible, au plus efféminé des rois, et qui avait eu bien des épreuves à supporter pendant le cours de ces quelques années que Charles avait sacrifiées à l'indolence, à l'oisiveté la plus coupable. Aussi, épouse soumise, digne et résignée, mère consciencieuse, tendre et sévère à la fois, elle avait su reporter sur ses enfants, sur son fils appelé à régner, toutes ses pensées, tous ses soins, toutes ses occupations journalières, tous ses rêves. Louis l'aimait; Louis la faisait aimer des Français, car Louis était toujours errant parmi les populations de la France : et c'est cette affection, partagée par toutes les classes du peuple, qui faisait le plus beau fleuron de la couronne royale de cette princesse, elle, le refuge des pauvres artisans, le salut des innombrables indigents.

C'était en 1439 (cette année fameuse où trois hommes dévoués à l'art et au progrès, Jean Guttemberg, Jean Faust et Pierre Schœffer livrèrent à la postérité une œuvre sublime qui a ouvert depuis à l'histoire, à la science en général un vaste et libre champ, l'imprimerie). Marie d'Anjou avait profité d'un instant de trêve pour venir avec le dauphin visiter la magnifique tour que l'on venait d'ajouter au célèbre château de Lillebonne, fondé pour Guillaume-le-Conquérant, et qu'habitait alors un duc d'Elbeuf.

Cette tour, dont la naissance faisait grand bruit et à laquelle avait travaillé le premier architecte du royaume, François de Berneval, passait pour un chef-d'œuvre de ce siècle. La finesse de sa dentelure, l'ajustement de ses arceaux, les merveilleuses ogives pointues des fenêtres et la riche architecture des arêtes des voûtes, motivaient assez la haute opinion qu'on avait acquise de cet ingénieux travail. Or, la curiosité de Marie avait eu besoin d'une complète satisfaction ; et la reine était venue, avec son fils Louis au château de Lillebonne (1), qu'elle se promettait d'habiter quelque temps, à cause de la gracieuse cordialité de ses hôtes et du touchant accueil qu'elle en avait reçu.

C'est là que devait se rendre Louis le dauphin, lorsque nous l'avons vu s'arrêtant avec les demoiselles de Tancarville et envoyant son escorte l'attendre au petit village de Radicatel.

Mais je dois vous faire connaître, mes jeunes lecteurs, quels étaient alors le caractère et les principes de ce jeune prince, qui, plus tard sous le nom de Louis XI, devait tant se faire craindre des grands par son rigoureux despotisme, surprendre les nations par sa profonde politique, et qui voulut un jour asseoir la royauté sur les ruines de la féodalité.

Vous avez vu, mon aimable lectrice, son allure audacieuse sur son cheval, vous avez même entrevu sa physionomie belle, poétique, tour à tour douce et amère, sévère et indulgente, sombre et avenante; . . . . . mais ce que vous ne connaissez pas encore, c'est son érudition, ses talents, son amour de la science et des arts ; puis, la haine qu'il vouait à tous ceux dont l'équité, l'honneur, la loyauté

(1) Lillebonne est situé à deux lieues de Tancarville.

étaient en doute; la sympathie qu'il accordait aux martyrs, aux victimes de la fraude et de l'injustice; son impitoyable empressement à punir les moindres forfaits, sa libéralité universelle envers toutes les classes inférieures du peuple; ce que vous ne savez pas non plus, c'est que si ses mœurs étaient simples et ses manières débonnaires devant ce peuple, elles étaient fières et redoutables devant les seigneurs et les grands. Tantôt docile et tendre comme une câline jeune fille, tantôt impérieux et tyrannique comme un Néron, il n'y avait d'autre milieu, dans le caprice de ces deux extrêmes, que sa grande méfiance qui le rendait soupçonneux jusqu'au mépris, dissimulé jusqu'à la crainte.

Pourtant il était brave et grand ennemi de la forfanterie; il haïssait profondément tout ce qui tenait de la vanité, tout ce qui n'avait qu'un faux éclat. Juste et prudent, il réfléchissait longuement à la chose qu'il devait entreprendre, à l'œuvre bonne ou mauvaise qu'il devait accomplir, et ne se jetait pas comme un loup-cervier à travers des dangers inutiles pour en venir à ses fins. Il cultivait la musique et la peinture, approfondissait la science, rejetait avec mépris tout ce qui s'attachait à la superstition. Cette émancipation, qu'il devait sans doute aux lumières qu'il recherchait, était la preuve d'une instruction peu commune à cette époque où les grands seigneurs étaient encore si peu éclairés.

Marie d'Anjou, son institutrice première, lui avait communiqué quelques-unes de ses vertus: aussi lorsqu'il était près de cette femme, qu'il aimait jusqu'à l'idolâtrie, il devenait doux et caressant, sincère et généreux. On le surprenait souvent étendu aux pieds de la reine, dans une posture pleine d'humilité, remplissant auprès d'elle les fonctions de ménestrel et lui chantant quelque douce romance de sa composition. Ou bien lorsqu'on les rencontrait tous les deux dans les parcs, foulant la verdure printanière, le bras de Marie était toujours appuyée sur l'épaule de son fils: ils affectaient alors de se promener au loin et de passer tout près de quelque humble demeure..... et Louis le dauphin ouvrait doucement l'escarcelle de sa mère, en retirait plusieurs pièces d'argent qu'il tendait, en secret, aux petits enfants accourus sous les pas de la reine, afin de lui jeter les plus belles fleurs de leurs pauvres parterres.

Marie d'Anjou, reçue cérémonieusement et avec grands égards au château de Lillebonne, déclara à Louis qu'elle s'y arrêterait quelque temps : elle l'engagea alors à profiter de cette circonstance pour parcourir et visiter les champs de la Neustrie si fertiles en châteaux et en églises. C'est ainsi que nous avons rencontré Louis le dauphin, arrivant de la falaise d'Orcher et passant par Tancarville, pour retourner à Lillebonne. Nous l'avons laissé, je crois, entrer dans la maison de maître Berneval qui, selon le dire de tous, avait eu quelques jours auparavant un entretien secret avec le diable.

Le prince fut introduit dans un vaste salon, autre merveille qui eût bien rivalisé avec celles de la tour de Lillebonne; du reste, c'était partout la même architecture et le même fini dans la sculpture. Maître Berneval avait travaillé sans doute aux embellissements de cette habitation qui fut élevée, comme par enchantement, un peu après que *Satan eut amené* à Tancarville une seconde fille au baron. Louis remarqua avec admiration, dans le salon où il se trouvait, les arceaux de la voûte qui étaient tous ralliés entre eux, et prenaient naissance à douze petits piliers sculptés en torsades; puis il arrêta ses yeux sur les fenêtres terminées en ogives gracieuses, et toutes placées au fond de petites demi-tourelles en saillie; il promena ses regards curieux sur les grands vitraux, peints merveilleusement de la main même du maître et représentant quelques faits historiques, tels que le jeune Dunois faisant lever aux Anglais le siége de Montargis, Jeanne d'Arc venant trouver le roi à Chinon et lui faisant part de sa mission.

Les portes de ce salon étaient couvertes d'arabesques en grand relief, et les bahuts en bois sculpté qui figuraient dans cette pièce originale étaient chargés de figures mythologiques et allégoriques. Louis souriait en attendant messire Berneval qui n'était guère prompt à paraître devant son seigneur et maître; mais bientôt il s'impatienta et donna ordre qu'on allât de nouveau le prévenir.

L'architecte arriva.

— Par Dieu le Père!!! maître Berneval, vous prendrait-il, par hasard, fantaisie de faire croire à tous vos visiteurs qu'ils sont dans une chapelle plutôt que dans une maison d'artisan? Vous eussiez dû alors ajouter, à tout l'original de votre salon, quelques prie-Dieu, sur lesquels on eût pu, en se recueillant pieusement, prendre en patience le temps que vous faites perdre à vos hôtes par votre lenteur à les recevoir.

— Daignez m'excuser, mon prince, j'ai travaillé toute la nuit, jusqu'à une heure avancée de la matinée; j'étais au lit lorsqu'on est venu m'annoncer l'honneur insigne que me fait votre Seigneurie, en daignant entrer dans ma maison, et le temps que j'ai mis à revêtir un costume convenable, est la cause de la disgrâce que j'encours....

— Ah! ah! c'est différent, objecta Louis, en

levant les yeux sur Berneval. En effet, ce visage fatigué.....

Puis l'observant avec finesse et pénétration:

— Messire, vos traits sont bouleversés.

— Le désespoir d'avoir fait attendre votre Seigneurie....

— C'est juste.

Berneval qui voyait son rêve recommencer, évitait le regard du dauphin ; mais Louis cherchait le sien.

— Il y a longtemps que vous êtes à Tancarville, Maître?

— Bientôt douze ans, répondit, en s'inclinant jusqu'à terre, l'architecte épouvanté de la question.

— Douze ans... voilà un chiffre que je ne puis éviter aujourd'hui, pensa le dauphin. Et vous avez entrée au château? reprit-il.

— Oui, Monseigneur.

— Vous connaissez les enfants du baron?

— Oui, Monseigneur. — Où diable veut-il en venir? se demanda l'architecte, tremblant de tous ses membres.

— Laquelle de ces deux jeunes filles, que je ne connais point, vous semblerait le propre enfant de cet infortuné sire? poursuivit Louis en s'accoudant tranquillement sur l'un des deux grands bras du fauteuil en chêne sculpté dans lequel il était assis.

Cette question acheva de bouleverser Berneval.

— Décidément mon rêve se poursuit, pensa-t-il, ce petit drôle de Raoul aurait-il parlé. — Je n'ai fait, jusqu'à présent, aucune réflexion sur ce sujet, Seigneur, répondit-il avec embarras.

— Voilà qui est étrange, exclama le jeune prince surpris de la réponse. Quoi! ces jeunes filles ne vous ont donc jamais inspiré aucun intérêt.

— Si fait, Monseigneur; mais, habitué à les voir traiter également par leur père, je me suis accoutumé à les croire sœurs et jumelles.

L'architecte reprenait assurance, il devenait adroit et rétif. Il avait peur néanmoins, et épiait le moment propice pour détourner la conversation. Le prince, sans s'en douter, vint à son secours.

— Passons outre, dit-il, ce n'est pas là d'ailleurs le sujet qui m'amène. Il s'agit de l'un de vos élèves, de Raoul Lyndai. Je veux le voir sans qu'il sache d'abord qui je suis, entendez-vous, maître.

L'architecte pâlit et se troubla, et comme il ne bougeait point, le jeune prince, d'un ton brusque, réitéra son ordre en ajoutant:

— Cet élève ne ferait-il plus partie des vôtres?

Berneval allait répondre négativement, lorsque, soudain, Raoul Lyndai passa devant celle des fenêtres du salon qui était ouverte, et fut aperçu du prince, qui demanda quel était ce jeune homme.

Satané démon! pensa Berneval, en le nommant à haute voix. Et lui ayant fait signe d'entrer, l'apprenti se présenta devant le fils de Charles VII, avec son costume d'atelier, sans présumer l'honneur qui l'attendait.

L'éclat de ses yeux noirs, la coupe hardie de son front, la franchise qui s'exhalait de son physique, prévinrent en sa faveur Louis le dauphin qui venait de dissimuler son blason sous les replis de son vêtement supérieur. Cependant une expression de gravité et de souffrance intraduisible, qui était répandue sur les traits de l'apprenti, n'échappa point au jeune prince, qui tint quelque temps ses regards fixés sur lui avec compassion, et demeura dans le silence. Alors un douloureux soupir s'échappa de la poitrine oppressée de Raoul, auquel on n'adressait point la parole, et qui n'eût pas tardé à tomber dans une pénible absorption, si enfin, la voix du prince ne l'eût tout à coup rappelé à lui-même.

— Vous êtes sans parents?

— Oui, Messire, répondit brusquement Raoul qui croyait avoir affaire à quelque jeune chevalier ami de l'art, tel qu'il en venait souvent chez Berneval.

— Et vous êtes seul au monde?

— J'ai un grand et noble protecteur, ma providence ici-bas...

— Oui... je sais... le sire de Tancarville.

Raoul répondit affirmativement.

— Quelle est votre destinée, reprit le prince avec intérêt?

— Dieu me l'a parsemée d'épines... *Satan me l'a couverte de chardons...*

A cette terrible allusion, qui lui rappelait le secret que Raoul lui avait ravi, Berneval frissonna de la tête aux pieds.

— Vous êtes superstitieux, ami Raoul, continua Louis en souriant au souvenir de la naïve et candide petite Berthe.

— C'est un vice qui est à la mode aujourd'hui, Messire.

— Le destin vous doit de grandes compensations, puisque si longtemps il vous garde rancune.

— Oh! la même existence d'oubli et d'obscurité sera toujours à peu près mon partage, reprit Raoul découragé. Un combat honorable m'enleva mon père et une lâche apparition me priva de ma mère... seul je suis, seul je serai; pauvre je fus, pauvre je resterai. Aussi, que le ciel s'étoile ou s'assombrisse; que la brume obscurcisse l'aurore ou que le soleil vienne la réjouir; que la sécheresse appauvrisse nos contrées ou que la sève monte enrichir nos champs, qu'importe à mon cœur, rien ne saura désormais remplir son vide affreux...

— Si vous alliez, un jour, vous éveiller au milieu des honneurs, exclama gaiement le jeune prince ?

— Je penserais que c'est un rêve qu'il faut chasser au loin, et je me rendormirais profondément, répondit Raoul en souriant mélancoliquement.

— Ah ! ah ! je suis un peu devin, moi, et je vais.....

— Vous, Messire ?

— Pourquoi non ? ami Raoul, je vous prédis une radieuse étoile.

— Trève de raillerie, Messire, et coupons là. Que puis-je pour vous ?

— Ne nous fâchons pas, reprit Louis dont la gaîté s'augmentait au sans-façon de Raoul. Par le rayon oblique de ce beau soleil de midi qui se joue dans les boucles de votre chevelure, je vois que votre gloire brillera dans le monde.

— Qui s'en serait jamais douté ?

— Une puissante et noble dame s'occupera de votre réputation.....

— Est-ce le rayon de soleil qui vous fait présumer cela ?

— Assurément.

— Le soleil de la France.... c'est la reine. Elle est si loin, et je suis si petit.

—Pas si loin que vous le présumez, ce nuage diapré qui passe au ciel et altère les rayons du soleil me fait pressentir qu'un puissant ennemi cherchera à vous porter ombrage.

— Ai-je donc quelque mérite, Messire ?

—Sans doute, c'est votre bon génie qui me l'a dit.

Raoul sourit amèrement.

— Enfin, je vois aux lignes diverses de votre main, poursuivit le prince qui avait pris dans la sienne celle du jeune orphelin, qu'une haute position vous attend dans les arts, et que vos travaux iront à la postérité.

— Votre horoscope, Messire, est trop flatteur pour être cru; il ressemble à ce fruit tentateur de l'Eden auquel il ne fallait pas toucher.

Cet excès de franchise mit le comble à la gaîté du prince, qui, se sentant de plus en plus attiré près du jeune artisan, tenait toujours dans la sienne la main qu'il lui avait prise.

— Vous ne croyez donc pas à ma prédiction?

— Non, Messire, pas plus que je ne crois à tous les horoscopes possibles.

— Vous avez tort; moi je me vante d'y croire sincèrement; et la raison, c'est qu'il m'a été prédit que je serais roi un jour.

— Vous ? .... objecta Raoul avec impertinence.

— Moi.

— Eh bien, quand vous serez sur le trône, c'est que je serai à l'apogée que vous m'avez prédit.

— Quel âge avez-vous ?

— Dix-huit ans.

— Vous êtes mon aîné, car j'en ai à peine dix-sept. Votre gloire devancera donc de beaucoup la mienne.

— En ce cas, objecta Raoul, ma gloire aura le temps de déplorer la vôtre.

— Comment cela ?

— L'avenir d'un artiste est-il donc exposé comme celui d'un monarque ?

— Si mon horoscope se réalise, répondit gravement Louis le dauphin, je saurai régner, car je saurai *dissimuler*. Mais en attendant que je fasse mes preuves, il faut faire les vôtres, l'ami Raoul. — St-Ouen, cette église à laquelle a travaillé si dignement maître Berneval, réclame un nouvel ouvrage. Il s'agit des deux roses de la croisée le Bénédictin, roses qui devaient être entreprises prochainement. Les religieux de l'abbaye ont témoigné leur impatience à ce sujet. Maître Berneval daignera donc partager avec vous cet important travail qui sera jugé, ne l'oubliez pas, par un grand personnage. — Tâchez d'imiter la délicatesse et le luxe des ornements que vous avez toujours dû apprécier chez ce savant maître, poursuivit Louis en désignant le sculpteur à son élève ; cherchez à reproduire ces croisements infinis, si sveltes et si légers, qu'il n'a jamais omis dans le moindre de ses ouvrages. Invoquez toute votre industrie. Autour du grand arc ogive, qui encadrera votre rose, distribuez quelques fragments gracieux de l'Ecriture sainte, surtout n'appelez pas à votre aide ce style d'ornements étrangers qui n'existe nulle part dans cette sublime merveille de Rouen. — J'ordonne que ces travaux soient entrepris tout de suite, continua Louis en se tournant vers le grand architecte.

— Soyez persuadé, mon prince, que votre Seigneurie sera ponctuellement obéie, répliqua, en s'inclinant profondément, Berneval qui avait peine à revenir de sa surprise, et qui se dit à part lui : Par l'eau merveilleuse de la falaise d'Orcher, mon rêve en est au dénoûment.

— J'y compte, répondit Louis, en riant de l'ébahissement du pauvre orphelin qui venait d'entendre appeler prince, celui auquel il avait parlé avec tant de sans-façon. — Votre main, poursuivit le fils de Charles VII en tendant la sienne au jeune artisan.

— La voici, Monseigneur.

— Au revoir, maître Berneval. Dieu vous garde! l'ami Raoul.

Et Louis le dauphin, qu'un seul et simple garde écossais attendait à la porte, remonta sur son fougueux coursier, et reprit, le cœur libre comme l'air qui gonflait ses poumons, la ravissante et pittoresque route riveraine de Tancarville à Lillebonne.

CHAPITRE V.

L'eau merveilleuse de la falaise d'Orcher.

> Par des récits d'autrefois,
> Mère, abrégez notre veille.
> (BÉRANGER.)

TEL était alors ce prince qui devait laisser parmi nous de si cruels, de si douloureux souvenirs! La naïve candeur d'une jeune fille l'avait ému ; la douce éloquence de cette suzeraine de douze ans avait entraîné son cœur, et il était venu, lui, l'héritier des Valois, jusque dans une maison d'artisan chercher celui qu'un bon et gracieux petit génie lui avait désigné du bout de son doigt de rose. Et il avait tendu

3.

sa noble main à l'enfant industriel, parce que ce doux génie lui avait dit de sa bouche souriante à la vie : *Il est notre frère !!!* Subjugué par un tendre et noble cœur, il avait été tendre et noble avec le fils du malheur; et il était entré jusque dans les particularités du talent de cet élève, afin de mieux l'encourager dans une œuvre qu'il allait vanter à l'avance auprès de son auguste mère.

C'est que le beau naturel de cet enfant de rois n'était pas encore flétri par ce souffle maudit qui erra et voltigea autour de son trône, pour faire, hélas ! de ce prince droit et populaire, un faux dévot, un superstitieux, un tyran.

Pendant qu'il regagnait le petit village de Radicatel où l'attendait son escorte qui devait l'accompagner jusqu'à Lillebonne, voyons ce qui se passait au château de Tancarville.

Le soir du même jour, c'est-à-dire le 15 avril 1439, Berthe, Radegonde, Raoul et leur gouvernante étaient réunis dans l'une des vastes pièces de leur appartement. On faisait la veillée.

Sous le manteau de la cheminée, assise dans un fauteuil d'ébène à colonnes torses, et tournant le manche de son rouet, se tenait dame Marguerite qui, depuis la mort de dame Lyndai, était établie au château comme gouvernante des héritières de Tancarville. Marguerite avait cinquante ans : ses yeux fatigués avaient besoin de lunettes pour distinguer les belles broderies exécutées par ses jeunes maîtresses; mais son visage, encore rond et vermeil, semblait repousser de tout son pouvoir les impitoyables sillons que laisse à la vieillesse, et pour souvenir, le temps qui passe et s'enfuit. Ses lèvres remuaient toujours quelque chose, soit une prière à Dieu, soit un conte de sa mère-grand, soit un murmure contre Berthe, car Berthe était espiègle, espiègle comme un démon. La main de la bonne femme ne laissait ni trêve ni repos au manche de son rouet, sur lequel il y avait toujours du chanvre.

Auprès d'elle se tenaient Berthe et Raoul, qu'un singulier hasard plaçait toujours l'un auprès de l'autre; de l'autre côté de la cheminée était Radegonde, qui, somnolente et taciturne, laissait son canevas immobile sur ses genoux et rêvait à sa destinée future.

Ces quatre personnages étaient éclairés par les reflets douteux d'une girandole à six branches qui était posée sur la cheminée.

D'ordinaire, la veillée était toujours animée par les spirituelles reparties de Berthe ou par ses mille agaceries, dont dame Marguerite avait à supporter toutes les tribulations; mais ce soir-là, il errait en ce lieu quelque chose de triste et de silencieux, digne de l'austère gravité du seigneur châtelain, et la veillée se fût continuée de la sorte, jusqu'à ce que l'heure du repos eût sonné, si Berthe n'eût laissé échapper de ses mains sa broderie et ne fût venue s'appuyer sur l'épaule de dame Marguerite :

— Qu'est-ce donc que l'eau merveilleuse de la falaise d'Orcher, ma bonne Marguerite ? demanda-t-elle en arrangeant de ses doigts délicats les coiffes de sa gouvernante, qui n'étaient pas mises à son gré.

Dame Marguerite laissa son rouet immobile, et relevant lentement les yeux sur demoiselle Berthe, demeura muette quelques instants.

— Comme tu me regardes, fit l'enfant d'un ton câlin, en passant alors son bras autour du cou de cette femme.

— Jésus ! mon gentil cœur ! quelle question vous m'adressez là !!

— Mais, ma bonne Marguerite, je songe que chaque fois que j'ai été à Oudales, on a évité de me conduire jusqu'à Orcher ; et je songe encore que dans les mille et une histoires merveilleuses que tu nous contes depuis tantôt douze ans, tu n'as jamais parlé de celle-ci.

— C'est vrai, murmura dame Marguerite en poussant un mélancolique soupir et en croisant pieusement et avec onction ses bras sur sa poitrine.

— Tu en conviens, enfin !

— Eh ! eh ! c'est que voyez-vous, mon enfant, fit la gouvernante d'un ton doctoral, ceci n'est point un conte comme vous appelez toutes les histoires que je tiens de ma mère-grand ; la falaise d'Orcher est hantée par le diable.... n'y montent que ceux qu'il n'a point encore tentés; mais ceux qui osent le braver, ils sont pétrifiés à l'instant par l'eau qui sort de la falaise même.

— Bonne Marguerite, exclama Berthe en joignant ses mains sur l'épaule de sa vieille mère, quoi, vous ajoutez foi à une semblable absurdité !..

Radegonde, qui jusqu'alors avait été immobile, et dame Marguerite se levèrent soudain, l'une pleine d'une superbe indignation, l'autre avec une surprise mêlée d'effroi. Cependant un sourire de fine mutinerie flottait sur les lèvres carminées de Berthe, et Raoul, le front penché dans sa main, la regardait d'un air narquois.

— Savez-vous bien qu'on est perdu, lorsqu'on vit dans les environs d'une falaise hantée, exclama la fileuse; mieux vaudraient les calamités de la guerre.

— De la guerre !!! murmura Berthe que ce mot fit trembler; ne parlez pas ainsi, Marguerite; ne mêlez pas aux choses graves et terribles, les sottes et niaises fables de la superstition; n'appelez pas pour vous délivrer d'un fantôme imaginaire les torches de la destruction.

— Vous l'entendez, Marguerite, exclama Radegonde, dont l'épouvante croissait à chaque parole de sa sœur : elle doute de Dieu, elle doute du diable, oh! c'est une maudite !!!

— Maudite !!! répéta Raoul en regardant sévèrement Radegonde. Il n'y a de maudits sur la terre que les impies qui renient le Créateur, ou les criminels qui immolent la créature.

— Raoul a raison, exclama Berthe qui prenait toujours le parti du jeune orphelin, son frère d'enfance, et était sans cesse de son avis. L'Eternel maudira ceux qui l'oublieront pour un autre esprit; car sa loi dit : *Tu adoreras le Seigneur ton Dieu, et tu le serviras seul......*

— Il me semble, interrompit Radegonde avec aigreur, que tout en servant Dieu on peut bien craindre et respecter Satan....

— Je n'encombre point mon esprit de tant de choses, riposta Berthe avec exaltation ; la crainte de Dieu seul me suffit : elle m'empêche de mal faire. Ce n'est pas le démon qui couvre de fleurs, de fruits ou de grains les champs de mon pays; ce n'est pas le démon qui vivifie les plantes et réchauffe les hommes par les bienfaisants rayons d'un soleil divin. Je ne connais pas Satan, moi, parce que ma vie est simple, naturelle, pure autant que possible : je ne connais que Dieu qui est bon, qui me créa à son image, et que j'aime trop pour offenser.

— Mais le démon est celui qui entraîne en enfer tous les coupables d'ici-bas.

— Laissons aux grands coupables le feu dévorant du remords qui est un enfer éternel ; laissons au criminel, à l'impie, au dénaturé le mépris de son prochain qui est la condamnation suprême, et aspirons aux bénédictions multipliées de nos semblables, qui sont l'Eden spirituel de l'âme charitable et pieuse.

Comme dame Marguerite entrevit dans ce petit démêlé le prélude d'une violente altercation entre les deux sœurs, elle crut devoir y mettre le holà tout de suite. Aussi, approchant ses pieds du foyer, elle murmura :

— « Ceci est une bien vieille histoire... Il y a
» soixante ans...... »

Un sourire charmant reparut soudain sur le visage de Berthe qu'il éclaircit comme un beau rayon d'or perçant la nue vaporeuse ; et se replaçant vivement sur son siége, la franche et cordiale enfant tendit vers sa gouvernante son cou de cygne, puis elle lui dit :

— A la bonne heure ! je brûle de connaître cette merveille par laquelle chacun jure ici. Voyons si elle mérite d'obtenir le huitième rang parmi celles qu'on cite depuis si longtemps.

Radegonde, dont le sang jaillissait, pour ainsi dire, de la tête, se mit à tousser; Raoul se moucha pour dissimuler une furieuse envie de rire; Berthe croqua sous ses délicieuses petites perles un bonbon succulent qui acheva de parfumer son haleine plus douce et plus pure que celle de Zéphir; et dame Marguerite éternua en fausset.

— Ceci est la préface de ton histoire, exclama la mutine; voyons, ma bonne Marguerite, si la narration est aussi juste que son préambule.

— « Il y a soixante ans, reprit de nouveau dame
» Marguerite...... »

— C'était alors en 1379, interrompit encore demoiselle Berthe. Le règne de Charles V, quoique soutenu par le grand et brave Duguesclin, allait s'achever bien misérablement....

— Si vous m'interrompez toujours, mon gentil cœur, vous ne connaîtrez pas, ce soir, l'origine de l'eau merveilleuse de la falaise d'Orcher.

— Pardon, bonne Marguerite, car je veux en rêver cette nuit; aussi, vais-je devenir muette comme le dieu Terme, répondit Berthe en faisant avec Raoul un énorme dégât à la riche boîte de bonbons placée entre eux deux.

Marguerite reprit ainsi.

— Il y a soixante ans, ma mère contait cette histoire à ses petits frères, le soir aux veillées, quand elle voulait obtenir la paix; ou bien lorsqu'elle dandinait la couchette de sa plus jeune sœur, elle se servait de ce spécifique pour rendre la petite plus docile; mais elle ne l'employait que dans les soirée sles plus opiniâtres.

« Vous connaissez la chaîne de collines qui
» commence à St-Vigon et se prolonge, en longeant
» la rive droite de la Seine, jusqu'à Gonfreville,
» où elle se continue du côté d'Harfleur. Eh bien!
» parmi ces collines et à une lieue environ des sa-
» lines d'Oudales, se dresse une falaise escarpée,
» sur laquelle la vue aimerait à se reposer pour
» dominer toutes les profondes vallées plantées de
» noyers pleins de sève, et tous les coteaux aux-
» quels elle semble commander : c'est la falaise
» d'Orcher. »

Ici Marguerite se signa, Radegonde en fit autant; et Berthe qui disputait à Raoul un cœur en sucre cristallin, le lui abandonna pour reprendre son ouvrage.

» Presque au milieu de la falaise, se voient au-
» jourd'hui, l'an de grâce 1439, les ruines d'un
» château dont les tours sont encore debout. Voici
» bientôt deux siècles qu'il est dans cet état. On
» dit que le diable a voulu que les tours restassent

» toujours droites, afin qu'elles pussent servir de
» fanal ou de point de reconnaissance aux bâti-
» ments qui veulent jeter l'ancre sur la rive
» d'Harfleur. »

— Je ne le croyais pas si prévenant, le diable, fit Berthe qui achevait alors avec du fil d'or une ravissante arabesque sur un fin canevas brodé en soie et en laine, arabesque de laquelle s'échappait une ligne serpentine qui enveloppait tout l'ouvrage.

— Hé! hé! mon enfant, vous savez bien que son art est de tenter les pauvres humains. C'est ainsi que, sous la figure du serpent, il perdit Ève.

Berthe ne répondit point à cette assertion, mais elle cessa de broder. Alors Raoul qui, depuis un instant, était absorbé par le gracieux travail de sa jeune suzeraine et suivait attentivement le tracé de l'aiguille, Raoul, dis-je, n'étant plus occupé par ce charmant ouvrage, répondit :

— Le péché est un reptile hideux qui enveloppa Ève, cette merveilleuse création de Dieu, pour la perdre, comme le serpent rampe autour d'une belle fleur pour la flétrir de son venin maudit.

Berthe, alors, reprit son aiguille et continua son arabesque.

— Oh ! je prendrai le style de ce beau dessin, poursuivit Raoul comme inspiré.

— Et qu'en ferez-vous? demanda Berthe surprise.

— J'en choisirai les croisements infinis et gracieux pour ma rose de St-Ouen.

— Quelle étrange idée ! répondit Berthe déjà au courant de ce qui s'était passé avec le prince.

— Puisse cette idée m'être favorable et devenir ma radieuse étoile promise !!

— Alors, si ce dessin de broderie peut être utile à votre œuvre prochaine, je regrette une chose, continua Berthe.

— Laquelle ? demanda Raoul.

— Celle d'avoir encombré ma rosace de cette ligne insignifiante qui ne sert qu'à l'assombrir.

— C'est bizarre, exclama le jeune apprenti..... On dirait un serpent repliant autour d'un écusson ses muscles tortueux.

— Taisez-vous, Raoul; car je vais aussi devenir superstitieuse, moi, et je pourrais bien prendre cette étrange allusion pour un pronostic fâcheux...

— A mon chef-d'œuvre futur, exclama avec amertume et dérision l'apprenti qui avait des larmes dans la voix.

La capricieuse jeune fille jeta au loin sa broderie. Mais le jeune sculpteur se leva, et, courant aussitôt vers le canevas dédaigné, il le ramassa, feignit de le poser sur un meuble, tandis qu'il le baisa religieusement et le cacha dans son justaucorps; puis il revint silencieusement à sa place.

— Où en étais-je? fit la gouvernante qui jugeait au calme apparent des deux enfants, que la sérénité était revenue sur leurs fronts pudiques.

— Tu en étais à la courtoisie de Mgr le diable, répondit Berthe, et tu nous disais que les deux tours d'Orcher sont le point de mire des bâtiments qui naviguent dans la Seine.

« Une puissance malfaisante avait toujours régné » sur le château d'Orcher, et sur tous les fonds ga- » zonneux des vallées qui l'avoisinent, ainsi que » sur toutes les figures bizarres des petits rochers » qui s'enchâssent dans les mamelons de la falaise. » Ce château était bien fier et bien orgueilleux » aux beaux temps de sa splendeur; et nous le » verrions encore enfler avec arrogance son vaste » édifice, et défier le ciel avec ses innombrables » créneaux, sans la fureur vengeresse des Nor- » mands qui y lancèrent les pierres de la lapida- » tion. Il avait été bâti, sous le roi Pépin, par » Aubert, premier duc de Normandie, pour son » fils Robert qui y entra avec un instinct de sen- » timents malfaisants, tumultueux et criminels, » tels que de mémoire d'homme on n'en avait jamais » vu de semblables. Trois cents ans plus tard, un » autre Robert, le second du surnom de Diable,

» vint y loger quelque temps et y commit une
» quantité de crimes plus atroces encore que ceux
» de son aïeul. Un jour (le château d'Orcher
» était alors dans un piteux état et commençait
» à menacer ruine; le duc Robert I, père du con-
» quérant, avait pourtant fait élever de nouvelles
» murailles pour empêcher la décadence de ce châ-
» teau dans lequel il accomplissait tant de méfaits;
» mais bientôt l'orage populaire devait éclater sur le
» donjon et le faire crouler.)

» Un jour, dis-je, il devait y avoir fête au châ-
» teau: en abondance était la chair, en plus grande
» abondance étaient les vins préparés (le cidre
» n'étant destiné qu'aux serfs, comme au manoir
» de Tancarville, objecta Marguerite avec un air
» de dédain très-prononcé pour cette boisson de
» vilains). Tous les galants chevaliers de la pro-
» vince, tous les suzerains véritablement dignes de
» cette orgie, furent conviés: c'est qu'il ne s'agis-
» sait pas de sortir de la salle du banquet avec des
» estomacs repus, mais bien de prendre part à un
» pari singulier que devait proposer le duc Robert
» aux hôtes de son fief, alors transformé en taverne
» maudite.

» Le soir donc, la nuit plutôt, lorsque toutes
» ces têtes perdues par l'ivresse eurent tout à fait
» transigé avec la raison, et que le désordre le plus

» *seigneurial* se fût répandu dans la salle resplendissante de clarté, lorsque quelques-uns de ces corps énervés eurent roulé sous la table surchargée de coupes d'or qui se choquaient encore bruyamment ; en un mot, au dernier acte de ce fracas de démons, le duc se leva et demanda qu'on l'écoutât en silence et qu'on lui prêtât une *religieuse* attention, comme si la raison de ces hommes n'eût point délogé depuis longtemps déjà de leurs cerveaux fêlés.

» Sans qu'aucun des convives changeât de position, on écouta le duc Robert.

» Sur la crête du plus haut rocher de la falaise, dit le duc en cherchant vainement une majesté qu'il avait noyée dans l'ivresse, j'ai fait attacher l'un de mes serfs, lequel a enfreint la discipline du manoir. Mais comme ce jour est un jour de clémence, je veux que sa liberté lui soit rendue.

» — Eh bien ! Monseigneur, exclamèrent quelques-uns des convives, tu as agi en noble cœur.

» — Mais j'ai mis une condition à cette faveur, objecta le duc avec mépris.

» — Et laquelle, cher hôte ? demandèrent les jeunes fous.

» — Celle de ne lui accorder sa liberté, que si son fils âgé de sept ans escalade, à l'heure qu'il est, le rocher et délivre son père.

» — Aurais-tu, Monseigneur, l'envie d'ins-
» pirer l'amour filial dans ton fief, demanda l'un
» d'eux. L'exemple que tu viens de forger est digne
» de toi. Jamais je n'eusse eu cet esprit-là....

» — Je parie que la louve ne se séparera pas de
» son louveteau, répliqua un autre, et qu'elle ne
» le laissera pas sortir de la tanière.

» — Il le faudra bien, exclama un jeune baron
» à demi enseveli sous la nappe.

» — Moi je gage que le louveteau nous redes-
» cendra plus vite qu'il ne sera monté, répliqua
» un comte en se versant à boire.

» — Et moi je gage que cette ascension sans
« soleil sera sombre et sinistre, poursuivit un
» grand chambellan du roi qui voyait un million
» de lustres au plafond.

» — Il ira jusqu'au faîte du rocher et plus haut
» encore s'il le faut, bégayèrent dix voix.

» — Il n'ira pas, répondirent dix autres
» voix.

» Et toutes de s'élever et de mettre à l'enjeu
» le dévouement du pauvre petit Blondin, si bien
» que des sommes énormes furent engagées, et
» que tous les convives, d'un commun accord, se
» levèrent pour se rendre au pied de la falaise, afin
» d'être juges de l'évènement. Ils vinrent précisé-
» ment se poster à l'endroit d'une source d'eau qui

» jaillit du rocher avec une vertu étrange qu'on ne
» lui connaissait pas encore.

» — Un tel acte est indigne et vous attirera
» la malédiction de Dieu, Messeigneurs, ex-
» clama alors une pauvre jeune femme, qui,
» toute palpitante, vint se jeter au milieu d'eux
» comme une brebis égarée venant réclamer,
» dans un conseil de loups dévorants, son ten-
» dre agneau.

» La témérité de cette femme qui n'était rien
» moins que la mère du petit condamné, ne fit
» qu'augmenter le désordre qui régnait déjà parmi
» ces têtes échauffées par le vin. Cependant sa jeu-
» nesse, les grâces de son extérieur, la cruelle
» anxiété peinte dans ses beaux yeux, inspirèrent
» de la compassion à l'un de ces chevaliers qui prit
» sa défense en s'écriant : Non, Messeigneurs,
» non... vous ne laisserez pas accomplir un tel
» acte de barbarie.

» — A moins que tu ne veuilles te charger toi-
» même de la délivrance du serf, répondit le duc
» impatienté.

» — Soit, répliqua le brave jeune homme.

» — Escalade donc, chevalier, et fais-nous
» juges de la dextérité de tes jambes.

» — Non, Seigneur duc, ce n'est pas ainsi que
» je l'entends. Point d'ascension, mon épée me

» gênerait. A elle de remplacer cette excursion
» nocturne.

» — Holà ! mon vaillant convive, du sang après
» l'orgie ; fi donc ! laissons cela aux vilains.

» — Alors montre-toi grand seigneur, et fais
» grâce.

» — Qu'on aille chercher l'enfant, reprit le
» duc au paroxysme de la colère.

» L'enfant fut amené.

» Dès qu'il parut, sa mère se précipita sur lui
» et, l'enlaçant de ses bras, elle l'enveloppa dans
» une étreinte d'amour, et semblait vouloir ainsi
» le dérober à ses lâches assassins. Mais le duc le
» lui arracha bientôt et secouant fortement le
» pauvre Blondin :

» — Vois-tu cette masse noire posée sur la
» crête du roc le plus élevé, lui dit-il, c'est ton
» père. Si tu montes jusqu'à lui, il te sera rendu,
» car voici la clef avec laquelle tu le délivreras de
» sa chaîne ; si tu n'y réussis, ce rocher sera son
» cercueil.

» — Je monterai, répondit l'enfant avec sang-
» froid.

» Et comme la mère allait de nouveau se pré-
» cipiter aux genoux du duc pour chercher à l'at-
» tendrir, le jeune chevalier qui avait si audacieu-
» sement pris sa défense, se jeta au devant d'elle,

» la repoussa en arrière, et, avisant le duc, il » lui dit en faisant briller la lame de sa lourde » épée :

» — Duc Robert, si tu n'es pas un lâche, » défends-toi.

» — Je suis le diable en personne, chevalier, » hurla le duc, et je ferai passer Blondin sur ton » corps pour aller à sa sainte conquête.

» On entendit alors un cliquetis d'armes qui se » prolongea cruellement ; et lorsque la lune eut » cessé d'éclairer cette horrible lutte et se fut perdue » dans de sombres nuages accumulés sur le château » d'Orcher, un corps tombait à terre, et bientôt » après le pauvre Blondin escaladait, avec tout le » courage que donne la tendresse filiale, le terrible » roc de Gonfreville-l'Orcher. »

— C'est sans doute ce dernier trait de froide cruauté qui arracha, à leur joug d'esclavage, les habitants de Gonfreville, interrompit Berthe, sur le visage de laquelle un sentiment douloureux s'était tracé, au récit de cette pénible chronique.

— Oui, reprit Marguerite en continuant. — « Lorsque le pauvre Blondin eut escaladé brave» ment et dignement le rocher, et qu'il eut délivré » son père, on distingua, malgré l'épaisseur des » ténèbres qui surchargeaient le ciel, deux masses » noires fort inégales redescendre du côté du

» château, et se perdre dans la gorge des ma-
» melons.

» Tous les convives qui, dans la rixe, avaient
» engagé leurs paroles en disant que l'enfant déli-
» vrerait son père, crièrent : Victoire !... et vou-
» lurent immédiatement retourner au château,
» afin de vider le pari ; mais ceux qui perdaient,
» demandèrent qu'on attendît au pied de la falaise
» le retour de Blondin, lequel devait revenir au
» point de départ. Alors la discussion s'échauffa,
» une autre lutte s'engagea, et, comme le désordre
» recommençait, soudain on aperçut deux formes
» humaines rouler le long de la falaise, et venir,
» au milieu d'un bruit affreux, intraduisible, se
» précipiter dans le profond ravin creusé par la
» source, au pied de laquelle étaient réunis les
» compagnons du suzerain. Un cri déchirant s'é-
» chappa du milieu de cette foule inconsidérée, et
» la mère de Blondin tomba privée de sentiments.

» Or la stupeur fit bientôt place aux débats ;
» puis un silence solennel remplaça le bruyant et
» scandaleux éclat des voix.

» — Des torches ! demanda, après une pause,
» le duc dont le front, pâle et dès lors déchargé
» des vapeurs du vin, commençait à se glacer sous
» le souffle d'un vague et âpre pressentiment.

» On apporta des torches.

» Et lorsqu'on regarda sur le bord du ravin, » on ne distingua plus que deux corps difformes » qui venaient d'être pétrifiés par l'eau même de » la source, laquelle glissait lente et épaisse sur » ces formes incertaines et défigurées, qu'elle en- » croûtait en y déposant degré par degré un sédi- » ment marneux, leur donnant l'apparence de la » pierre.

» — L'eau de cette source est une eau merveil- » leuse! exclama le duc Robert en secouant un » dernier reste de remords et en reprenant son » caractère d'insolente barbarie. Elle bâtit des » cercueils aux êtres vivants avec plus d'adresse, » d'industrie et d'habileté que nos plus grands » architectes. Qu'en dites-vous, Messeigneurs?

» — Que l'eau merveilleuse de la falaise soit le » cimetière des serfs qui braveront leur seigneur et » maître!! crièrent à tue-tête ces démons, en ten- » dant, par un redoublement d'ivresse, leurs mains » armées de poignards sur la source pétrifiante.

» Puis, à la lueur des torches, ils dansèrent » devant les deux corps encroûtés, sur le bord du » ravin, une ronde infernale qui ne cessa qu'aux » premiers coups de la foudre.

» Une action si lâche et si révoltante ne pouvait » demeurer sans résultat parmi les vassaux du duc » Robert. Cette mort affreuse de deux des leurs,

» et puis celle du noble chevalier qui avait voulu » prendre fait et cause pour les infortunés, réveilla » toute leur énergie. Le lendemain de la fête et » pendant que les suzerains convives étaient encore » plongés dans le sommeil, ils se rendirent, en » nombre, sur le bord du ravin : le corps du défen- » seur de Blondin y avait été oublié par mépris » ou par malveillance; ils l'élevèrent sur des gaules, » et après l'avoir ainsi promené parmi la popu- » lation de Gonfreville, en criant : *Vengeance !!!* » ils se jetèrent sur le château qui ne pouvait ré- » sister à de si subites représailles. Le château fut » pillé, mis à feu et à sang par cette multitude » avide de justice. Rien ne fut épargné. Cependant » on dit que le duc Robert, surnommé le diable » par tous les habitants, passa au milieu d'eux » sans qu'ils pussent lui faire aucun mal, et que » ceux de ses compagnons qui eurent le bon esprit » de le suivre, échappèrent comme lui à la fureur » vengeresse de ce peuple révolté ; mais ceux qui » ne furent pas assez lestes, furent jetés impitoya- » blement dans l'eau de la source pétrifiante, » laquelle fut dès lors nommée : *Eau merveilleuse* » *de la falaise d'Orcher*, parce qu'elle dut être la » cause primitive de la révolte, parce qu'elle devait » à jamais rappeler le triomphe de l'opprimé sur » l'oppresseur. »

— Et c'est à cause de ce souvenir, qui rappelle aux paysans de Gonfreville le triomphe de l'opprimé sur l'oppresseur, qu'ils redoutent avec tant d'effroi la falaise d'Orcher, demanda Berthe avec raillerie?

— Oui, répondit Raoul. Quoique les créneaux édentés des deux grandes tours d'Orcher parlent encore bien directement du despotisme qui régna là si écrasant et si rude, les villageois des environs ont aujourd'hui de la vénération et du respect pour ces lieux tout remplis de fictions diaboliques ; ils se signent bénévolement en traversant la falaise ; ils vont même jusqu'à prétendre que Satan pétrifie ceux qui ne sont pas dignes de monter sur la colline, comme si ces tours en débris, belle et noble attestation de leur indépendance, n'appartenaient pas toujours à la liberté qu'ils se sont faite! Oui, malgré ce triomphe qu'ils ont obtenu il y a quelques cents ans et dont ils sont sûrs, malgré ce joug qu'ils ont secoué et qui leur inspire encore de la crainte, ils ont replacé dans ces donjons redoutables, dans ces prisons humides une autre puissance aussi terrible, un autre spectre aussi menaçant: Satan qui, à la place du seigneur suzerain, les fait plier sous son sceptre de fer comme autant d'esclaves. Pauvres insensés!... Ah! si Robert, qu'on se plut à surnommer le diable, revenait visiter les restes de sa grandeur qui, touchant à la misère avant de passer au néant, ont pris avec l'aide de la superstition grossière des habitants tant de formes fantastiques, combien il s'enorgueillirait de son despotisme d'autrefois! combien il s'applaudirait au souvenir des vexations qu'il fit endurer à ce peuple crédule et faible!!

— Et la fin de la légende, demanda Berthe à Marguerite.

— Mais elle est finie, murmura la fileuse.

— Non, reprit Raoul, pas encore; Marguerite a oublié de dire qu'une grande croix fut élevée peu de temps après cet événement, par Bérangère, la mère du jeune Blondin, sur le bord du ravin fatal; et que, dans le courant de chaque automne, le jour anniversaire de cette mort cruelle, tous les enfants de la province se rendent processionnellement au bord de l'eau merveilleuse de la falaise d'Orcher, afin de couvrir de fleurs les statues pétrifiées de Blondin et d'Ulric son père, qui sont encore debout.

C'est là qu'ils chantent une ballade que vous connaissez peut-être, Mademoiselle, et qui est toujours demeurée vivante dans le pays. La superstition prétend que chacun des couplets de ce trio fut chanté par Blondin, Ulric et Bérangère chaque fois que cette veuve et mère infortunée se rendit près des restes de ce qu'elle avait le plus affectionné ici-bas :

BLONDIN.

Sous la marne, ô ma mère,
J'ai trouvé le suaire
Des enfants de la mort...
Et cette source altière,
Hélas ! fit une pierre
De ma cendre qui dort.

ULRIC.

Pleure, ô ma Bérangère !
Fais à Dieu ta prière,
Mets ta robe de deuil...
Le sédiment calcaire
De cette eau mensongère
Se transforme en cercueil.

BÉRANGÈRE.

Le ruisseau solitaire,
Filtrant sous l'herbe amère,
Dit le miséréré.....
Et la fleur qui s'altère
Sur sa tige éphémère
Dit que j'ai bien pleuré...

CHAPITRE VI.

—

La dernière heure du jour.

J'entends l'airain pieux, dont les sons éclatants
Appellent la prière et divisent le temps.
Pour la seconde fois le nautonnier fidèle,
Adorant à genoux la puissance éternelle,
Dès que l'astre du soir a brillé dans les airs,
Adresse l'hymne sainte au Dieu de l'univers.
(ESMENARD.)

La nuit avait enveloppé d'un voile profond les hautes tours de Tancarville, et le clocher lointain de la petite église du village disparaissait dans la brume épaisse des ténèbres. A l'horizon s'étendait une large ceinture d'ébène teintée de plomb blanchâtre : c'était le lit de nuages dans lequel la lune achevait de s'ensevelir. Le front sévère de la forêt faisait pendant à ce fond noir et massif, et confondait avec lui sa chevelure de feuillage. — L'heure du sommeil avait sonné.

Souvent, c'est à l'instant où la nature se drape dans les replis de son manteau de deuil et que l'aquilon, s'élevant impérieusement du sein des airs, met tout en révolution dans l'atmosphère, que certains cœurs sont calmes, sereins et songent à dissiper dans les bras du sommeil leur puérile agitation de la journée. Au milieu du tumulte des vents déchaînés de leur antre et sifflant lugubrement, le calme des passions a une douceur ineffable : rien ne saurait le troubler, le suspendre ; ni l'agitation du monde mêlée au bruit de l'espace, ni l'orage des grandeurs uni au roulement de la foudre.

Les demoiselles de Tancarville étaient chacune dans leur appartement, et toutes les deux se disposaient au sommeil.

Radegonde agenouillée devant son prie-Dieu récita, en défilant les grains de son rosaire bénit et avec une dévotion particulière, des invocations latines qu'elle avait apprises par cœur dès sa plus tendre enfance et qu'elle n'avait jamais oubliées ; puis, élevant pieusement son regard béat sur un merveilleux tableau de la mère de Jésus, peint sur soie à l'eau d'œuf, elle demeura dans une longue et muette extase devant ce chef-d'œuvre exécuté par Cosmè, de l'école de Ferrare, et grand peintre du duc Borso d'Este, lequel duc venait d'envoyer cette miniature exquise au baron de Rouergue.

Radegonde se leva et s'approchant d'un reliquaire assis sur un socle en marqueterie, elle posa religieusement ses lèvres sur la figure d'un Christ exécuté en forme rond de bosse, de l'école espagnole et d'un travail fort remarquable.

Or, tout près du reliquaire, il y avait un meuble à cariatides, c'est-à-dire un bahut en ébène sculpté, accompagné de colonnes taillées en forme de syrènes, toutes soutenant des corbeilles de fleurs en grand relief; sur le meuble à cariatides il y avait une boîte en ivoire, d'un travail anglo-saxon intraduisible et destinée à renfermer des eulogies. Cette boîte était ornée dans son développement circulaire de compositions empruntées aux sarcophages des premiers temps du rite chrétien : on y voyait les vierges folles et les vierges sages, cette belle parabole de Jésus, dans laquelle il fait ressortir le grand contraste dans la foi. — Radegonde s'agenouilla encore devant le meuble à cariatides, et ayant pris dans ses mains la boîte des eulogies, elle la baisa saintement.

Enfin, au-dessous du fronton de son dais virginal, il y avait un *cabinet florentin*, à trois étages, supporté par des colonnes torses en ébène, à enroulements de vigne. Ce meuble magnifique emplissait tout le vide compris entre les supports du dais. Il reproduisait le type le plus complet de la richesse que l'on prodiguait, à cette époque seigneuriale, à tout ce qui avait rapport à l'art... et puis à la religion. Ainsi ce *cabinet* renfermait une sainte Cécile en mosaïque, un petit saint Jean en pierre dure, les évangélistes en matières précieuses, une sainte Magdeleine en lapis ou zéolithe bleue, un saint Joseph en cornaline rouge, une sainte Marie en calcédoine blanc de lait, une sainte Catherine en feldspath de Labrador, c'est-à-dire en granit étincelant, des anges en ivoire, des séraphins en émaux aux auréoles d'argent, de petits calvaires en marqueterie d'or et d'écaille, une crèche en nacre argenté, un saint sépulcre en agathe marbrée, etc., etc. — Radegonde s'agenouilla une troisième fois devant le *cabinet florentin* et récita l'angélus.

Puis lorsqu'elle eut pris de l'eau bénite dans un petit bénitier en marbre suspendu au-dessus de son chevet, provenant de l'abbaye de Jumiège et surmonté d'un saint Pierre tenant les clefs du ciel, la pieuse jeune fille entreprit sa toilette de nuit.

Ouvrant une porte dissimulée sous la tapisserie qui représentait toute la passion de Jésus, elle entra dans une merveilleuse chambre, où d'autres objets d'art, dédiés à la coquetterie, ne le cédaient en rien à ceux du culte sacré. Elle frappa sur un timbre d'argent, et Marguerite entra pour aider la jeune fille dans sa dernière occupation. Lorsqu'elle eut retiré sa robe et sa coiffure éblouissantes, Radegonde s'assit devant une glace de Venise enchâssée dans un cadre de chêne, dont le couronnement était sculpté en rond de bosse. Cette glace était posée sur une table massive, dont le dessus, en produit de la fabrique de Faënza, était couvert de carafons de Venise emplis d'essence, et d'une foule de coupes en émaux byzantins, les unes destinées à supporter les bijoux, les autres surchargées d'outils indispensables aux ongles et à la toilette en général.

Aux deux côtés de cette table, il y avait des bras en faïence italienne, l'un d'homme, l'autre de femme, qui servaient de flambeaux; puis, sur la cheminée de cette chambre, deux bustes de jeune fille et de jeune garçon du même produit, et servant de pots à fleurs.

Lorsque Marguerite eut roulé convenablement les cheveux de Radegonde, et qu'elle l'eut couverte d'essences, la jeune fille se leva et s'approchant d'une fontaine en *majolica* qui était posée sur une console en marbre blanc, elle tourna un robinet d'argent merveilleusement ciselé qui laissa couler l'eau de rose dans une vasque exécutée en forme de coquille : et elle se lava les mains.

C'était le dernier acte de la toilette de nuit.

L'enfant acheva son déshabillé, puis, retournant dans sa chambre à coucher, elle dut bientôt songer à prendre le repos qui lui était nécessaire. Après avoir enlevé de dessus le lit à cariatides et à dais de la jeune fille une courte-pointe brodée aux insignes de la maison de Tancarville, la bonne gouvernante aida Radegonde à se coucher, et après lui avoir souhaité une nuit fort agréable, accompagnée de songes enchanteurs, elle la quitta pour se rendre auprès de Berthe.

Notre intrépide fileuse n'entrait que pour la forme chez celle-ci des filles du bon seigneur, car Berthe aimait à se coucher seule. Pourtant, Marguerite préparait le lit de la petite, et elle ne se retirait jamais avant d'avoir reçu une caresse de la charmante espiègle, qui pensait, par ce devoir sacré, expier chaque soir les lutineries qu'elle faisait endurer à son excellente gouvernante.

Or, dame Marguerite se retira comme de coutume, et laissa Berthe assise sur une chaise fort basse dont le haut dossier était décoré de deux muses qui soutenaient l'écusson de la maison d'Harcourt, dans la famille de laquelle le baron de Rouergue avait pris sa femme. Berthe affectionnait ce siége qui était recouvert d'une tapisserie exécutée par la baronne elle-même; la jeune fille s'y reposait sans cesse avec un secret plaisir.

Pensive, méditative , la petite laissa flotter au loin sa féconde et laborieuse imagination. Bien des choses avaient frappé son esprit impressionnable dans cette journée si remarquable pour elle : d'abord, elle avait parlé au dauphin Louis de Valois (car Raoul lui avait révélé les titres et qualités du jeune seigneur si courtois qui l'avait questionnée) ; ensuite, elle avait appris à connaître l'intérêt que portait et qu'avait manifesté à Raoul lui-même , ce prince objet de sa constante occupation; enfin elle avait entendu raconter une histoire étrange sur les environs de Tancarville, histoire qui avait jeté sur l'âme exaltée de la pauvre enfant un sentiment inexplicable et mystérieux de vague terreur et de sinistre pressentiment. Pourtant Berthe n'était pas superstitieuse, bien s'en fallait.

Or, dans sa vaporeuse et mystique préoccupation, elle se pencha contre le cippe d'un meuble d'ébène, et ouvrant le manuscrit qu'elle tenait depuis un instant sur ses genoux, elle se mit à le feuilleter sans goût et sans ardeur. Cependant, ses yeux s'arrêtèrent vaguement sur l'un des feuillets de parchemin tout griffonné de caractères gothiques, et elle lut : *Quatrième croisade prêchée par*

Foulques de Neuilly, sous le pontificat de Sa Sainteté Innocent III.

Ah ! ah ! se dit la jeune fille, en faisant tomber avec indolence une de ses longues et larges berthes, dont l'achèvement bouclé se joua sur le feuillet sévère, voilà donc une de ces guerres qui ont coûté tant de sang, tant d'argent à la France ! Pauvre France ! combien ceux qui prétendent travailler à ton salut, t'ont déjà inutilement appauvrie et dépouillée ! Combien tes enfants devaient être las de ces expéditions ruineuses qui n'amenaient, quoi qu'en disent nos prélats et tous les partisans de ces guerres désastreuses, aucun degré à la civilisation, aucune amélioration aux mœurs... Je vois, se dit-elle en passant lentement ses doigts effilés dans les réseaux de sa natte d'or, je vois la bonhomie de tous ces vaillants seigneurs français, se réunissant chevaleresquement sous les ordres d'un marquis de Montferrat, qui s'en allait rêvant une destinée plus grandiose que spirituelle, et qui, au lieu d'aller en Palestine, trouva plaisant de profiter de la bravoure de ses compagnons pour se donner un trône.... dédommagement piquant des futurs exploits qu'il devait entreprendre.... mais qu'il n'entreprit pas (1).

(1) Boniface, marquis de Montferrat, traita avec les Véni-

Les lèvres de la jeune fille, plissées légèrement, creusaient à leur arc une fossette si railleuse, qu'on eût pu facilement deviner le reste de sa pensée.

Berthe ferma le manuscrit, et ayant de nouveau jeté les yeux sur la couverture, elle observa les fleurs de lis qui y étaient parsemées. Cet objet, dit-elle, fut tenu bien des fois par Jeanne de Navarre qui le laissa ici à son départ de Tancarville : c'est une relique précieuse pour le manoir ; aussi le baron a-t-il bien soin de le tenir caché dans l'un des cabinets de sa grande galerie d'armes.

Berthe posa le livre sur le meuble contre lequel elle s'appuyait. J'ai autre chose à faire qu'à songer aux erreurs de la France, se dit-elle, en rattachant celle de ses berthes qui s'était dérangée, c'est demain dimanche ; Raoul sera dès l'aube à la grande porte du château, attendant, avec sa patience ordinaire, que je veuille bien le rejoindre, afin que nous distribuions ensemble nos aumônes. Bon Raoul, comme il m'aime ! et comme il pense à moi ! Oh ! mais je le paye bien de retour, se prit

tiens qui se joignirent aux croisés français, afin d'aller en Palestine. Ceux-ci s'écartèrent de leur route pour aller à Constantinople détrôner un certain usurpateur ; puis après s'emparer de Bysance, empire qu'ils donnèrent à Baudoin leur premier chef, après que le marquis de Montferrat se fut emparé du trône de Thessalie.

à dire l'enfant dans sa naïve candeur, en rencontrant ses traits dans une glace qui les lui reflétait. — Cet incident détourna sa pensée. — C'est étrange, dit-elle en demeurant immobile devant cette glace et en se regardant complaisamment, c'est étrange comme mon visage a peu de rapport avec celui de ma sœur. Et dire que dans notre plus tendre enfance nous fûmes confondues, tant il y avait de ressemblance entre nous.... Singulière chose que la destinée !.... Laquelle de nous est donc la fille du sire de Tancarville ? demanda-t-elle en s'adressant au miroir qui ne lui répondit point. La voix de mon cœur me dit que c'est moi, mais celle de la raison me dit que c'est Radegonde, car quoique je ne veuille pas en convenir, le baron lui prodigue des soins plus tendres, plus touchants qu'à moi !!!

Cette réflexion, que la pauvre petite s'adressait bien souvent, s'anéantit sur ses lèvres, et voilà son beau visage d'une sombre tristesse.

Allons, allons, reprit-elle tout à coup, j'allais oublier mon devoir de tous les samedis, et Raoul m'en eût fait un amer reproche de ses deux grands yeux qu'il s'obstine toujours à baisser humblement lorsqu'il n'est pas content de moi, comme s'il n'ignorait pas que ce mouvement me déplaît... et me... A coup sûr, j'aimerais mieux un reproche de sa bouche.... Détourner ses yeux de moi... fi donc!!! C'est mériter que je ne m'occupe jamais de lui.

Et là franche et naïve enfant s'assit toute colère devant une table massive, peu ornementée il est vrai, mais qui, en compensation supportait l'objet le plus original du château. — C'était le plan du manoir de Tancarville exécuté en marbre par Raoul Lindai. Le jeune sculpteur l'avait fait pour pouvoir offrir un jour un de ses premiers chefs-d'œuvre à sa jeune suzeraine.

Les deux grandes tours du château supportaient à leur donjon des cassolettes en argent doublé de cristal : l'une était destinée à l'encre, l'autre à la poudre, dans les grands fossés, on engloutissait les plumes et tous les accessoires de l'écriture. Quant au vaste corps du bâtiment, il était destiné aux feuillets de parchemin qu'on y introduisait par la grande porte ogive.

La jeune fille, après avoir enlevé un des pignons mobiles de cette pompeuse écritoire, plongea sa petite main dans le joli château de marbre, et en retira, à plusieurs reprises, une somme d'argent qu'elle étala sur la table; puis, dans une autre case, elle prit des tablettes de cire, ainsi qu'un style dont la pomme représentait un jeune page tenant sur le poing un faucon, et elle se prit à graver ce qui suit:

DÉPENSES DU DIMANCHE 16 AVRIL 1439.

Aumônes.	15 livres.
Don à Charles le berger qui a été mordu par un chien.	10
A Alaric le palefrenier qui vient de perdre son père, et qui n'est pas en état d'acheter une messe.	10
Au petit Thierry qui m'a témoigné le désir d'offrir un cadeau à sa mère, et qui ne possède rien.	10
A la pauvre mère Corantin qui veut faire baptiser son neuvième.	10
A l'aîné des Corantin qui est toujours au lit.	10
Total. . . .	65 livres.

Cela fait, l'enfant rassembla la monnaie qu'elle avait éparpillée sur sa table, puis elle l'enferma dans une escarcelle en jaillet doublé de cuir parfumé et achevé par un fermoir d'argent du plus beau travail.

Qu'on est heureux de pouvoir faire le bien! dit-elle en élevant son regard doux et radieux jusque vers une peinture italienne à fond d'or, exécutée sur bois par un grand maître de Ferrare. (C'était le portrait en pied de la baronne de Tancarville.) Oui, qu'on est heureux de pouvoir faire le bien!! Soulager l'infortune d'autrui, c'est se rapprocher du Père éternel, qui donne sans doute aux uns beaucoup de fortune, pour qu'ils puissent partager avec les autres, qui n'ont rien.... que des larmes... Ah! reprit Berthe, toujours absorbée devant la peinture, si le pain du pauvre pouvait se payer avec des larmes, il n'en manquerait jamais; car la misère..., ce doit être le mobile de toutes les douleurs; la misère..., ce doit être l'aiguille qui effleure, minute par minute, le cercle éternel des passions humaines. Que d'hommes dont le génie fut étouffé dès sa naissance et qui sont devenus de grands misérables, faute de pouvoir devenir de grands artisans! Que de mères qui eussent donné au pays de braves et nobles fils pour la défendre ou l'honorer, si la misère n'était venue flétrir leur raison, refroidir leur cœur, glacer leur sang, incruster leurs vertus dans le vice et tarir jusqu'à la moindre goutte le baume de leurs devoirs maternels! Que de pauvres orphelins qui fussent devenus de bons pères de famille, si la misère inséparable camérière de l'oubli et de l'abandon, n'était venue les heurter dès leur entrée dans la vie et leur faire faire le premier faux-pas qui conduit au chemin de l'opprobre et de l'ignominie !! Pourquoi tous les riches ne s'entendent-ils pas pour soulager ces grandes amertumes ?. .. pourquoi ne vont-ils pas frapper à la porte du pauvre qui se cache sous les replis percés de la honte et de l'humiliation, lui tendre, sous le voile du respect et de l'humilité, le denier qui réchauffe, abreuve et encourage ?... pourquoi celui qui nage dans l'abondance, n'a-t-il jamais souffert ? et pourquoi celui qui est devenu opulent, oublie-t-il si vite qu'il a eu faim et froid ?

Berthe demeura immobile ; son corps s'était renversé sur le dossier de son siége, sa tête s'était penchée en arrière et recevait le rayon qui descendait perpendiculairement d'un lustre de cuivre suspendu aux moulures du plafond. Elle était bien jolie ainsi; on eût dit une vierge du Titien attendant dans une muette contemplation quelque révélation suprême. Et pour ajouter à cette illusion, voilà que son regard demeura fixe sur la peinture; voilà que deux petites mains modelées dans l'albâtre se levèrent contre le tableau (peint sur panneau), qui lui représentait avec une douceur exquise de tous les traits nobles, fins et angéliques d'une femme, sa mère peut-être, celle de Radegonde plus sûrement, d'une femme, dis-je, qui avait fui comme une belle ombre, comme un rêve resplendissant, comme une illusion magique.

O Madame ! murmura la pauvre enfant en tendant toujours ses mains vers la baronne dont la longue simarre de magnifique étoffe ondulait largement jusque sur le tapis peint en or, ô Madame ! vous qui laissâtes parmi vos vassaux de si tendres, de si touchants souvenirs, vous connûtes ce bonheur suprême, vous éprouvâtes cette jouissance surhumaine, bonheur, jouissance que Dieu éprouve lui-même lorsqu'il tarit nos larmes, lorsqu'il cicatrise nos blessures, lorsqu'il sèche toutes nos amertumes. Oui, je le sais, de votre main si hospitalière, vous avez soulevé mainte bande qui cachait une plaie profonde, pour y verser vous-même le baume de l'espérance et des consolations ; de vos yeux si brillants et si gracieusement fiers, vous avez laissé sortir quelques perles distillées par la compassion ; vous avez été bonne, grande, humaine, aussi fûtes-vous adorée de tous ! Hélas ! que ne pouvez-vous, du sein du néant où vous êtes retournée, envoyer près de moi quelque émissaire sacré de votre cœur d'épouse et de mère, afin qu'il vienne apprendre à la malheureuse Berthe si cette noble dame, dont elle veut imiter la courtevie, fut sa mère ou celle d'une autre... Que ne pouvez-vous envoyer vers moi un confident secret de votre amour si chaste, afin qu'il m'apprenne si ces désirs brûlants d'humanité, qui constituent ma vie, ont émané de votre sang ou de l'édification seule de vos œuvres passées.....

Berthe se tut et sembla enveloppée dans un ravissement surnaturel, dans une soudaine catalepsie.

Alors, comme elle était plongée dans cette privation de tout sentiment et de tout mouvement, le panneau glissa lentement et en silence dans sa coulisse; la baronne disparut, et à sa place un fond de ténèbres s'offrit aux yeux immobiles et fixes de l'enfant, un air froid et humide vint frapper son visage; puis Raoul s'avança en face d'elle, Raoul avec son justaucorps de couleur brune et son chaperon de gros drap orné d'un simple nœud de velours noir. Dès qu'il apparut aux regards de la petite, il s'agenouilla lentement, son chaperon à la main, et sembla attendre dans une humilité profonde qu'elle daignât l'interroger.

L'état de prostration dans lequel était plongée Berthe, l'empêcha de croire à une réalité : elle ne bougea point, pensant être le jouet d'un rêve; seulement, appuyant ses mains devant ses yeux, elle voila sa vue comme si cette apparition eût été redoutable et périlleuse. Lorsqu'elle se redressa, le panneau avait de nouveau glissé dans sa coulisse, la baronne était revenue devant la jeune fille, et Raoul avait disparu.

Une vision ! murmura Berthe en sortant de sa léthargie et se levant subitement ; j'ai été dupe d'une vision !! oh ! c'est que j'ai besoin de repos, mes sens sont fatigués... il faut que je sommeille. J'ai cru voir Raoul, ajouta-t-elle en appuyant sa main sur son cœur; Raoul entre la baronne et moi. Serait-ce là l'émissaire sacré, le confident secret que j'implorais tout à l'heure. Hélas ! Raoul fut aimé de la baronne, serait-il donc le dépositaire de son instinct maternel, l'ange gardien qu'elle a laissé sur la terre pour réchauffer d'une dernière flamme de son amour de mère la pauvre enfant sortie de son sein et confondue, par la fatalité, avec la pauvre abandonnée ?...

Alors Berthe se dépouilla de sa parure, retira un à un tous les objets de ce ravissant vêtement qui lui donnait l'air, l'aspect d'une jeune reine ; et puis elle s'agenouilla silencieusement non loin de son lit.

Quelques secondes après, il n'y avait plus dans cette chambre virginale que le silence du chaos, du sein duquel s'élevait, comme une fumée d'encens, les réclamations à Dieu, les enquêtes pieuses d'une âme candide et pure. Et une belle et gracieuse jeune fille demi-nue, et le visage baissé vers la terre, emblème de toutes les douleurs, priait le protecteur des faibles, le soutien des roseaux

5

fragiles, d'abaisser jusqu'à elle un de ses regards divins qui enfantent le bonheur et la félicité : c'était la jeune vierge toute fraîche sortie des mains de l'Etre suprême, dépouillée de tout le matérialisme d'ici-bas, qui n'empruntait aucun secours de l'art pour élever son âme vers Dieu. En un mot, c'était la créature devant le Créateur.

CHAPITRE VII.

La Chambre du Berceau.

Pauvre orphelin, fils du soldat,
Son père l'embrassait la veille du combat.
(A. M.)

Depuis que Raoul Lyndai avait surpris le secret de maître Berneval, il était demeuré plus triste et plus mélancolique encore. Le pauvre enfant avait senti se rouvrir la plaie profonde que lui avait causée la perte de sa mère, en acquérant la conviction que l'infortunée était morte de frayeur aux infernales sorcelleries exécutées par cet homme diabolique.

Telle était aussi la volonté sécrète qui l'avait

obligé naguère à devenir l'apprenti de cet homme dont l'apparition le faisait sans cesse reculer : c'est qu'il croyait parfois reconnaître en lui les traits du diable qui lui était si soudainement apparu dans la chambre du berceau, au moment où, seul un soir avec sa mère, il berçait lui-même l'héritière de Tancarville. Pauvre Raoul ! c'était plus que de la douleur qu'il ressentait en reconnaissant son impuissance devant ce maître qui lui avait appris un art admirable et précieux ; c'était une ingratitude enfantée dans la vindication qu'un instinct surnaturel lui avait inspirée depuis longtemps et que la révélation de la nuit fatale était venue tout à coup changer en haine certaine et fondée. Puis le jeune Lyndai savait que l'une des demoiselles de Tancarville n'était autre que la progéniture de cet ambitieux et frauduleux architecte ; mais comme il ignorait complétement laquelle de ces deux jeunes filles était réellement la sienne, le malheureux apprenti avait dû demeurer coi et garder le silence, jusqu'à ce que ses actives recherches eussent pu lui donner une solution à cette énigme ; et quoique les sentiments tumultueux de son âme se fussent changés en une sorte de rage mal comprimée, il avait dû néanmoins paraître calme.

Il songeait au long et éternel désespoir de son

bienfaiteur le baron, dont le supplice n'avait pas de fin et s'augmentait chaque jour devant cet effrayant mystère; il songeait à la baronne qui seule, peut-être, eût jeté un éclaircissement sur ces ténèbres profondes. Souvent il voulait que Berthe fût l'ange issu de cet autre ange; mais lorsqu'il errait dans les galeries du château et qu'il rencontrait le baron, se promenant seul avec Radegonde, alors il changeait bien vite d'opinion, se disant : Un père a toujours un sentiment secret qui le fait incliner vers son sang; or, les tendres soins que le sire de Tancarville prodigue à cette jeune fille prouvent aisément qu'elle est la sienne.. C'est encore dans ces dispositions qu'il était resté muet en apprenant le secret de son maître; car Berthe était selon lui une créature trop divine pour retourner sous l'aile d'un tel père, et du moment qu'il aurait fait l'aveu de cet acte odieux, Berthe disparaissait du château et était pour jamais ravie à son affection. Il songeait à tout cela, et comme dans la tristesse et le chagrin toutes les amères douleurs arrivent à la fois pour affaisser le cœur humain, il songeait aussi qu'il était orphelin, seul au monde, et que son père, s'il eût vécu, l'eût certainement tiré de ce profond ravin dans lequel il nageait sans trouver d'issue ni de salut.

Hélas ! hélas ! disait-il, ô mon père, toi dont on

parle ici avec tant de respect, toi qui servis le baron dans plus d'une circonstance par ta vaillance et la finesse de ton esprit, que ne sors-tu tout à coup de dessous les murailles flanquées de tours où tu demeuras sans doute enseveli il y a seize ans, pour revenir ici où ta présence serait bien nécessaire; car un homme de cœur et d'énergie seul pourrait recevoir la confidence du secret qui m'oppresse; et il n'y a personne au château qui soit comme toi, mon père, homme de cœur et d'énergie.

Alors Raoul se reprochait de n'avoir pas entrepris, depuis qu'il était devenu fort et hardi, une recherche expresse sur la manière dont était mort son père. Ce n'était pas la première fois que le jeune sculpteur pensait ainsi. A diverses reprises cette idée lui était venue à l'esprit. Il avait même eu, malgré lui, un pressentiment secret que l'infortuné guerrier avait peut-être été emmené prisonnier par une horde anglaise, et il se lamentait à cette terrible pensée. Or, c'est sous cette impression cruelle, accrue par le souvenir de la vieille légende d'Orcher, que Raoul avait quitté les demoiselles de Tancarville, ainsi que la bonne Marguerite. La fièvre lui montant au cerveau, il était descendu d'un pas saccadé jusque dans la cuisine du château où la veillée se continuait encore; là, s'asseyant tristement sur un escabeau, il avait laissé tomber sa tête alourdie dans sa main, car devant Berthe qu'il chérissait au delà de toutes choses, il avait dû paraître gai, enjoué même ; mais loin d'elle il pouvait se dédommager de cette contrainte en s'abandonnant à toute l'impulsion de ses angoisses.

Raoul fut surpris de voir encore réunis autour de l'âtre tous les gens de Tancarville, quoique dix heures eussent sonné ; mais il ne prit pas d'abord la peine de questionner personne.

Cependant, tout affaissé qu'il était sous le poids de son chagrin, le jeune travailleur observa que l'assemblée était triste et silencieuse, qu'à son entrée chacun avait frissonné, et que le cidre laissait évaporer sa mousse dans les pots qui n'avaient pas encore été effleurés.

Qu'y a-t-il donc ici, se demanda l'enfant plus inquiet, en tournant et retournant avec impatience son chaperon dans sa main oisive : puis, il avisa le vieux gardeur d'oies : Père Corantin! murmura-t-il d'une voix stridente, car le bonhomme était sourd, octroyez-moi donc un pichet, je vous prie.

Quoiqu'il parût fort étrange à chacun que Raoul, le bien-aimé du baron, habitué à manger à la table du maître, vînt se désaltérer parmi les val ts, on s'empressa néanmoins de lui accorder ou plutôt de lui présenter un pot de cidre, auquel l'enfant, qui s'était fort desséché la gorge en croquant les bonbons de Berthe, but à longs traits, après avoir dit :

A la santé des commensaux du manoir !

Au repos de l'âme du vieil Alaric !!

Au prompt rétablissement de Gertrude Corantin !!!

La glace était fondue. Tous les pichets se levèrent, et la santé de Raoul fut proposée.

Merci, mes bons amis, répondit le jeune sculpteur en passant le pot au petit Thierry qui le repassa à un autre ; merci : votre liqueur est bonne, excellente.

— Et forte en cidre, pas vrai, messire, murmura Alaric qui cherchait à noyer ses regrets filials dans la boisson des vilains.

— En vérité, je souhaite, mes amis, qu'elle vous remette en belle humeur ; car, par le ciel ! vous faisiez une triste mine lorsque je suis entré ici.

— Pour ça, messire, hasarda la mère Corantin qui tournait son rouet, vous avez deviné juste.. Mais, hélas !!

— Voici un hélas ! bien lamentable, mère Corantin, exclama Raoul plus curieux encore.

Tous les visages s'assombrirent.

— Est-ce que le diable ferait encore des siennes

au château, demanda le jeune travailleur, avec ironie?

On se signa en cachette.

— Oh! le château est peu sûr, reprit la mère Corantin, *il y revient.*

— Ah! bah! fit Raoul, et qu'y revient-il?

— L'esprit des morts.

— Je ne suis pas curieux, continua l'enfant; mais comme je n'ai jamais vu de revenants de cette nature, j'ai le droit de désirer en voir un.

— C'est précisément l'esprit du revenant qui le tourmente, dit-on tout bas; oh! s'il savait le nom de l'âme en peine qui a passé aujourd'hui près des fossés du manoir, il tomberait à la renverse, ferait dire une messe de *requiem* pour le salut et le repos de cette âme, ou plutôt il irait boire à la fontaine de Saint-Vandrille, afin de s'en délivrer (1).

— Et bien, reprit Raoul intrigué par le chuchotement qui bruissait autour de lui?

(1) Les moines de l'abbaye de Saint-Vandrille avaient proclamé salutaire, bienfaisante, miraculeuse, l'eau de leur fontaine; aussi l'efficacité en existe-t-elle encore aujourd'hui 19e siècle. — *On s'y guérit de bien des maux, on s'y purifie de bien des taches!* — Tous les premiers vendredis de mai, les pèlerins y affluent et payent 30 centimes le litre de cette *deuxième eau merveilleuse.* Pauvre siècle! pauvre peuple!!

— Un fantôme a passé ce soir, à la brune, tout près du manoir, hasarda Thierry. Et ce fantôme était l'ombre...

Une main, celle d'Alaric, se posa sur le bras du petit. Et il se tut.

— Allons, qu'était-ce que cette ombre, demanda Raoul le sarcasme sur les lèvres.

L'assemblée était redevenue un muséum de momies.

L'apprenti haussa les épaules, et regardant avec pitié et compassion tous ces pauvres ignorants :

Quelqu'un de vous a-t-il vu, il y a douze ans, le diable qui a amené au château une deuxième fille au baron ?

— Non, messire, s'écria Magdeleine, la cadette des Corantins qui, en sa vertu de jeune babillarde, craignait toujours que sa langue se paralysât dans l'inaction.

— C'est à regretter, poursuivit Raoul, car l'ombre que vous vîtes ce soir aux abords du manoir n'est autre que le diable d'il y a douze ans.

La conviction avec laquelle ces paroles furent prononcées ne permettait point de réplique. Quoi qu il en fût, le petit Thierry se permit une observation :

— Vous nous en donnez une belle, messire, dit-il ; la vieille Marthe, qui aura tantôt soixante-dix ans, prétend qu'elle a dansé aux noces de cette ombre-là.

— Chut, malheureux, grommela celle-ci qui, inerte et taciturne dans un coin, semblait fouiller dans le passé un souvenir qui l'avait fui.

— Ah ! c'est qu'elle en a vu bien long, au manoir, la bonne femme, exclama la mère Corantin.

— J'ai bercé le baron de Rouergue, répliqua la vieille en hochant la tête; j'ai dansé aux noces du bon seigneur et à celles de son brave ami, Jacques Lyndai, qui fut longtemps ici aussi maître que le maître lui-même.

Ces paroles, dites d'une voix sentencieuse et solennelles, produisirent un effet magique sur l'assemblée, et surtout sur Raoul qui se levant avec respect, s'inclina humblement devant la vieille Marthe.

Quoique cette femme présentât l'aspect d'un cadavre vivant, elle n'en avait pas moins conservé toutes ses facultés; on l'écoutait avec vénération au manoir où elle était patronne ; chacun la fêtait et lui prodiguait les soins les plus attentifs, depuis le baron lui-même, jusqu'au petit gardeur de basse-cour. Ses paroles excitèrent la curiosité, et comme on crut qu'elle allait continuer sur le même ton, on rapprocha les escabeaux, et on se resserra autour de la bonne vieille; mais les serviteurs de Tancarville furent grandement désappointés, car la nourrice de Rouergue retomba dans son inertie et ne regarda plus que le jeune et beau Raoul auquel elle adressait un long sourire, dans lequel il y avait, comme une révélation d'en haut, comme une espérance suprême, comme une prophétie.

— N'est-ce pas, dame, que vous n'avez pas dansé aux noces de l'ombre qui a passé ce soir aux abords du château, dit le jeune travailleur en venant s'agenouiller devant la nourrice du baron, et en la regardant de son air le plus tendre ?

— Oui dà, te dis-je, mon gentil, repartit la vieille qui avança, vers la mine fraîche et vermeille de Raoul, sa main osseuse et ridée. Mais lorsque *l'ombre* a quitté le monde des vivants pour aller habiter celui des morts, je n'avais pas vu le *cierge*, poursuivit-elle lentement; or, chaque fois qu'à Tancarville il a dû partir quelqu'un, le *cierge* m'en a avertie d'avance (1).

— Mais de qui voulez-vous donc parler, dame ? continua Raoul en prenant doucement dans ses blanches mains d'enfant, celles toutes desséchées de la pauvre nourrice ?

(1) Le *cierge de la mort*, vision chimérique, croyance superstitieuse, par laquelle les crédules se sentent avertis d'une mort prochaine.

— Du revenant, grommela-t-elle.

— La vieille Marthe divague, reprit Raoul en caressant l'idée qu'il avait en tête; elle veut parler de..... celui qui, il y a douze ans.... Je parie qu'il a passé du côté de la campagne qui domine la falaise, votre revenant, et qu'une fois là il a disparu.

— Tout juste, répondit Thierry, dès qu'il fut sous les pommiers, on cessa de le voir.

— Que disais-je, répéta Raoul; c'est *lui* qui veut encore faire des siennes au château; il va pénétrer dans la chambre du berceau. Par le ciel! j'y serai avant lui.

Et le jeune sculpteur, persuadé que maître Berneval avait encore quelques méchants tours à exercer au manoir, sortit de la cuisine à la grande stupéfaction des serviteurs de Tancarville, qui ne comprirent rien à ses paroles incohérentes; puis il franchit en une seconde les galeries qui conduisaient, dans la tour de l'est, à cette chambre déserte depuis douze ans, et qui avait vu bercer la fille de Tancarville.

Là, pâle et épuisé au souvenir de son enfance passée sous cette sombre voûte, Raoul, une lumière à la main, chercha d'abord à se reconnaître, mais en vain, car sa mémoire devenait confuse. J'avais près de sept ans lorsque je vis ici un étrange spectacle, se dit-il en passant sa main sur son front humide d'une sueur glacée; oh !..... à présent je me souviens, voici bien la porte par laquelle *il* entra avec ses chaînes, son suaire et sa torche de résine qu'il agita comme un damné autour du berceau. Voyons, continua l'apprenti en ouvrant la porte basse, afin de connaître le conduit mystérieux dont avait parlé maître Berneval dans son rêve : voici un escalier en spirale...... puis un long couloir de pierre dure construit sous le fossé.... puis la poterne.....

Ce disant, l'enfant ouvrit une porte secrète attenante à une petite tourelle extérieure et se trouva sur la campagne.

La lune, sortant de la nue sombre, éclaira pour lui le paysage : en face, il distingua la *pierre gante*; derrière, le fossé du château; tout à l'entour, des pommiers et des noyers pleins de sève. Une triste rêverie vint assaillir l'enfant qui, rappelant en foule à son esprit tous les faits de son premier âge, se souvint des courses folâtres qu'il avait faites là, au beau temps de sa prospérité, au beau temps où la baronne, le prenant par la main, chassait avec lui le papillon léger, la demoiselle aux ailes d'azur.

O mon Dieu ! s'écria Raoul en tombant à genoux et en voilant avec ses mains son visage baigné de larmes; mon Dieu ! quelle destinée réservez-vous au pauvre orphelin ? Est-ce à lui qu'il appartiendra de confondre l'insensé qui, se jouant de vos impénétrables décrets, a jeté sur la maison de ma noble bienfaitrice un voile si épais, si constant, si obscur. Me rendrez-vous digne de la tendresse de cette femme en me faisant deviner une énigme que sa tendresse maternelle eût seule deviné ? et ne ferez-vous pas un miracle en faveur du faible enfant qui n'attache de prix qu'au bonheur de voir jouir un jour son protecteur de la félicité paternelle ?

Raoul se releva plus agité encore. L'air froid et âpre de la nuit, qui avait succédé à une tiède journée de printemps, figea le peu de pensées lucides qui restaient dans son imagination; il fit quelques pas incertains, s'appuya contre un arbre voisin, afin de respirer les premières émanations de la nature renouvelées qui seules pouvaient éteindre la flamme surgissant dans son cerveau. Et comme il baissait les yeux sur l'herbe printanière, il aperçut, non loin de lui, un corps couché à terre, enveloppé dans une longue cape de laine.

Raoul n'eut point peur; mais pourtant il pâlit, et ses lèvres de brûlantes qu'elles étaient, devinrent livides Le silence profond qui régnait dans la nature lui glaça le cœur, et quelque chose de plus surnaturel que l'aquilon, dressa ses cheveux sur sa tête. Cependant le jeune athlète était brave; il glissa sa main sous son justaucorps, caressa, de ses doigts fébriles, un poignard qu'il tenait du baron, regarda encore une fois l'immensité, et tournant bien vite ses yeux vers le corps immobile, il s'écria d'une voix vibrante :

— Debout ! toi qui fais le démon, et voyons si en face d'un fils de Dieu tu oseras encore défier le ciel.

Le corps remua comme un corps qui s'éveille d'un profond engourdissement, d'une longue léthargie. La cape tomba, et un homme dans la force de l'âge, aux formes bien prises, aux robustes épaules et au visage plein de martialité, se dressa sur ses bras, regardant Raoul avec complaisance.

— Ce n'est pas lui ! exclama l'enfant terrifié en approchant et reculant tour à tour. Ce n'est pas Berneval !!

— Vous cherchiez quelqu'un, demanda l'hôte de la falaise d'un ton de cruelle raillerie et de mordant sarcasme.

— Et sans doute, répondit Raoul, furieux de s'être mépris, et regrettant alors de ne pas se trouver en face de son ennemi. Je vous ai pris pour un autre, vous avez pu en juger par mon interpellation.

— C'est vrai, mon jeune camarade, répondit

l'homme toujours couché. Par l'eau merveilleuse de la falaise d'Orcher ! je ne m'attendais guère, en me couchant sur ce lit d'herbe fraîche, à être témoin d'une lutte entre l'ange et le démon ; car d'après ce que je viens d'entendre et d'après la gentille figure que j'ai devant les yeux, vous êtes l'ange qui appelez le démon.

— Trève de plaisanterie, l'ami, répondit froidement Raoul, et dis-moi qui tu es ?

— Moins que rien, pour toi qui es un ange, mon beau chérubin ; et pour tous ceux que je rencontre, un vagabond.

— Tu mens..... objecta Raoul, en parlant plus par inspiration que par conviction, tu mens impudemment.

L'homme se dressa tout debout, et passant les mains sur ses yeux, il s'avança vers Raoul en s'écriant :

— Ou je rêve, ou tu es véritablement l'ange de Dieu, mon fils.

— Qu'importe, pourvu que je te console.

— Tu sais donc que je souffre ? reprit l'homme haletant, en saisissant vigoureusement le bras du jeune travailleur et en le regardant avec vénération.

— Oui dà, et pour t'en convaincre tiens, dit Raoul en sortant de dessus son justaucorps une bourse bien garnie qu'il présenta au pauvre hère, voici quelques grains de soulagement qu'une main divine, entends-tu bien, une main céleste m'a chargé de semer en bon terrain.

— Merci, mon beau séraphin. Ton nom? demanda l'inconnu qui pleurait.

— A quoi bon ?

— Il servira de clôture à mes prières, et Dieu le bénira.

— *Berthe de Tancarville !* répondit Raoul en regagnant les abords du fossé.

L'hôte de la falaise se recoucha sans répondre. Seulement à l'expression farouche qui se peignit soudain sur sa physionomie, on eût pu juger de la haine et du venin qu'il avait au cœur.

Raoul en regagnant silencieusement, par le même conduit mystérieux, la chambre du berceau, se disait : C'est sans doute ce pauvre serf errant qu'ils ont pris au château pour l'ombre d'un mort, quoiqu'il n'ait guère l'aspect d'un squelette. Au surplus, qu'est-ce que cet homme? quelque retardataire du siége d'Orléans qui regagne avec peine sa misérable patrie et qui est là tombé de lassitude. Il m'a ému, dit l'apprenti en entrant dans la chambre délabrée où il se retrouva seul avec sa faible lumière, et si j'avais eu davantage sur moi, je le lui aurais donné.

C'était alors l'instant où Berthe, assise devant

sa table octogone et sa pompeuse écritoire, établissait la note de ses bonnes œuvres du lendemain.

Raoul ne pensait déjà plus à sa rencontre nocturne; il frôlait de sa main convulsive la tapisserie détériorée; il furetait tous les fragments d'architecture que renfermait cette pièce humide et abîmée par l'oubli; il admirait maint bas-relief représentant une épisode de la vie de Jésus; il étudiait les consoles en pierre soutenant les solives et qui étaient couvertes d'écussons aux armes de Tancarville; il observait surtout quelques tableaux peints sur basane dorée et que l'humidité avait considérablement abîmés; enfin il passait en revue tous lesmoulages et estampages qui décoraient cette triste enceinte, lorsque soudain il entendit une voix plus douce que le murmure du feuillage, plus harmonieuse que le bruissement d'un ruisseau, plus tendre que le chant du petit oiseau, plus plaintive que le langage de la timide tourterelle. Cette voix priait, cette voix implorait, cette voix allait au cœur et caressait l'âme comme le frôlement d'une aile légère et veloutée. Raoul était ému, transporté, ravi; il écouta.

Or, pour mieux entendre, il s'était approché d'une grande voussure, sculptée en pierre, d'où paraissaient sortir plus distinctement ces sons touchants. Dans le fond de la voussure, il y avait un panneau placé entre les deux figures de l'Espérance et de la Charité ; le panneau était un tableau peint sur bois, représentant cette jeune fille de l'Évangile proclamée morte par tous et que Jésus fit lever sur son séant.

Le jeune Lyndai ne douta plus que la chambre de Berthe ne fût contiguë à cette pièce délabrée dans laquelle il se trouvait, et que le panneau ne servît de communication d'une chambre à l'autre ; il prêta donc l'oreille avec une religieuse attention, un pieux recueillement.

« Oui, je le sais, disait alors la voix, de votre
» main si hospitalière, vous avez soulevé mainte
» bande qui cachait une plaie profonde, pour y
» verser vous-même le baume de l'espérance et
» des consolations ; de vos yeux si brillants et si
» gracieusement fiers, vous avez laissé sortir quel-
» ques perles distillées par la compassion ; vous
» avez été grande, humaine, aussi fûtes-vous
» adorée de tous ! Hélas ! que ne pouvez-vous,
» du sein du néant où vous êtes retournée, en-
» voyer près de moi quelque émissaire sacré de
» votre cœur d'épouse et de mère, afin qu'il
» vienne apprendre à la malheureuse Berthe si
» cette noble dame dont elle veut imiter la courte
» vie, fut sa mère ou celle d'un autre.... Que ne
» pouvez-vous envoyer vers moi un confident secret

» de votre amour si chaste, afin qu'il m'apprenne
» si ces désirs brûlants d'humanité qui constituent
» ma vie ont émané de votre sang ou de l'édification
» tion seule de vos œuvres passées.... »

Notre jeune travailleur dont les sens étaient suspendus, sentit son âme s'envoler à ces paroles naïves; alors, moitié pour obéir à un puissant désir d'admirer la jeune fille un instant, moitié pour rassurer la pauvre petite et lui faire entrevoir qu'il serait lui, Raoul Lyndai, le seul dépositaire sacré de l'instinct maternel de la baronne; il fit glisser le panneau dans sa coulisse et s'agenouilla devant la vierge enfant qui réclamait de Dieu une mère, une affection, un soutien.

Telle est cette vision que crut avoir reçue la jeune châtelaine; car Raoul, dans sa naïve candeur, eut presque frayeur de l'extase dans laquelle Berthe ainsi que lui étaient plongés; aussi retira-t-il bien vite le panneau, qui ramenait devant le regard éperdu de la fille une bonne et noble mère, devant les yeux alanguis du jeune orphelin l'espérance lointaine d'une tendre félicité qui surgirait peut-être du sein même de l'anéantissement.

Quelques instants après, le jeune travailleur s'était réfugié dans le coin le plus obscur de la chambre mystérieuse. Là, étaient encore une crédence renfermant différents objets d'art, un vieux siége gothique, puis une petite couchette suspendue au moyen de quatre balustres, celle qui avait été délaissée depuis que le diable s'en était soi-disant approché et qu'avait souvent balancée Raoul. Le jeune apprenti voulut comme par le passé agiter la corbeille de chêne; mais sa main demeura froide, immobile, inanimée, et des larmes se faisant jour à travers ses longs cils d'ébène, coulèrent le long de son beau visage et vinrent se perdre dans les replis d'une courte-pointe qui était encore rejetée sur le chevet, telle que dame Lyndai l'y avait placée elle-même lorsqu'elle retira du lit ensorcelé les deux filles du baron de Tancarville; puis Lyndai s'assit sur le siége gothique, celui de son infortunée mère qu'on n'avait point approché depuis elle; et là, s'abandonnant à toute l'impulsion de ses pensées, à tout le frein de son imagination laborieuse, il prit à côté de lui, dans la crédence, des tablettes de cire ainsi qu'un style, et étalant sur les courtines du lit le canevas de Berthe, il chercha, à la clarté de sa faible lampe, à tracer, d'après l'arabesque exécutée par sa jeune suzeraine l'esquisse d'une rosace telle que le prince la lui avait à peu près ordonnée.

Or, son travail marcha au delà de son attente et de son génie. Et quelques heures après, lorsque l'aurore eut jeté, à travers les vitraux en débris de la salle, son jour le plus tendre et le plus limpide, Raoul adorait son œuvre, comme un jeune auteur adore son premier livre, comme un peintre adore sa première merveille, comme un poète adore son premier chant.

CHAPITRE VIII.

—

Le Serf errant.

Tu m'oublias dans les plaisirs,
Je me souviendrai dans la tombe.
(Victor Hugo.)

Jeune encore, elle touche à son heure dernière.
(Casimir Delavigne.)

Le jour consacré à Dieu commençait : plus belle encore que la veille, cette matinée semblait appartenir au joli mois de mai, et les rayons d'un soleil déjà ardent se répandaient de tous côtés comme l'annonce certaine d'un triomphe prochain.

Berthe à demi-ensevelie dans un long voile qui dissimulait ses traits alors radieux de beauté virginale et de douce candeur, se suspendait depuis quelques minutes au bras de son cher Raoul; ils étaient appuyés contre le marronnier du préau, à l'ombre duquel ces nobles enfants exécutaient toujours leurs bonnes œuvres. Devant eux défilaient les pauvres des environs auxquels la jeune châtelaine distribuait les aumônes que Raoul lui tendait en tenant l'escarcelle de jaillet à la portée de l'enfant. Cette pieuse cérémonie avait un charme secret, qu'augmentaient encore le mystère qui l'enveloppait et la douce sympathie qui y présidait.

Lorsque tous les indigents eurent passé, et que les 15 livres qui leur étaient consacrées furent épuisées, Raoul voulut songer à rentrer au château, afin de livrer aux autres protégés de Berthe ce qui leur était destiné; mais soudain un incident arrêta la jeune fille, qui retenant Raoul par la main, lui dit en allongeant le bout de son doigt rosé dans la direction du rivage.

— Vois donc, mon bon Raoul, cette ombre blanche qui descend lentement la falaise. A coup sûr je n'ai jamais rien vu de semblable, et mon cœur bat d'une force..... Tiens, Raoul, mes pressentiments ne me trompent jamais, et.....

— Eh bien! Mademoiselle, demanda l'apprenti aussi ému que la jeune fille.

— Eh bien, mon frère, je t'engage à courir

vers cet homme vêtu de cette cape blanche ; car, à voir la manière avec laquelle il tourne la tête du côté du manoir, à voir sa marche incertaine, on dirait qu'un doute étrange, une lutte cruelle, un combat terrible se livre dans son cœur. Cours à lui, mon bon Raoul, mais cours donc ; s'il souffre nous le consolerons, s'il a besoin nous lui donnerons.

— Je dois auparavant vous accompagner jusqu'à votre appartement, Mademoiselle, objecta Raoul qui venait de reconnaître son serf errant de la nuit, et qui se sentait violemment agité en le revoyant.

— Non pas, frère, je préfère te suivre.

Et Berthe de Tancarville, toujours suspendue au bras de son frère d'enfance, descendit la falaise et s'approcha de l'ombre blanche.

Mais il est bon, mes jeunes lecteurs, que nous retournions en arrière, afin de faire connaissance avec cet inconnu que les valets de Tancarville appelaient l'ombre du mort; ce revenant aux noces duquel la vieille Marthe prétendait avoir dansé, et qui avait passé du monde au néant sans que la bonne femme eût jamais vu le cierge ; ce serf errant auquel Raoul avait donné une bourse et qui excitait si fort la compassion de Berthe.

La veille au soir, lorsque le disque du soleil, rougi par les vapeurs de l'eau, eut touché le miroir ardent de la Seine, et que les vitraux innombrables du manoir eurent reçu leurs teintes bizarres d'azur, d'or et de pourpre, un homme exténué de fatigue, un bâton à la main et le corps couvert d'une longue cape de laine blanche, se dirigeait vers Tancarville; il était sur la route d'Orcher. Bientôt il s'arrêta devant une maison de chétive apparence, souleva le marteau d'une porte vermoulue qui s'ouvrit incontinent, et il entra dans une chambre basse, occupée par une demi-douzaine de gars plus ou moins grands et par une femme qui vaquait aux soins du ménage. Cette femme était la sœur de dame Corantin.

En entrant, l'étranger demanda l'hospitalité. Et comme en ce temps-là, il n'y avait point d'exemple qu'on eût jamais repoussé la prière de qui que ce fût, le nouveau venu fut accueilli avec bonté. Il abaissa sa cape et s'en dépouilla, puis il s'assit près de l'âtre; on vit alors ses traits qui étaient beaux quoique empreints d'une indicible expression de mélancolie. Dès qu'il eut posé son bâton, deux ou trois enfants vinrent se jeter dans ses jambes, et lui demandèrent un conte, car il avait dit en entrant: « *Je viens de bien loin: et je n'ai plus de force pour continuer ma route.* »

— Un conte, mes gentils enfants? objecta l'étranger d'un ton grave.

— Sans doute, puisque tu viens de si loin, tu dois en savoir beaucoup, reprit une petite fille qui était parvenue à s'asseoir sur le genou de l'inconnu.

— Je ne sais point d'histoire, ma mie.

— Eh bien ! fais-nous jouer, voyageur, et nous te chanterons la ballade du pays. Mère ! un pichet pour ce bon ami qui va nous amuser pendant que le souper s'apprête.

— Dieu vous protége, mes chers enfants, murmura l'étranger en entourant de ses bras ceux des jeunes gars qui se pressaient contre lui avec amitié ; puis il se rafraîchit.

— Excusez-moi si je ne vous tiens point compagnie, exclama la mère de famille, mes soins m'appellent dans la chambre voisine, auprès d'une pauvre jeune fille, ma nièce, qui va trépasser...

— Y a-t-il un prêtre qui assiste la moribonde, demanda l'inconnu?

— Hélas ! sire voyageur, depuis que le diable est venu à Tancarville, les prêtres se sont écartés des vassaux du baron.

— Avez-vous un médecin pour vous aider dans vos soins, bonne femme?

Pour nous autres serfs, les médecins sont rares, sire voyageur.

— J'ai étudié la médecine, moi, dans mon

exil ; voyons, conduisez-moi vers votre pauvre agonisante, et si je puis quelque chose pour la sauver, je le tenterai.

L'étranger fut introduit dans la chambre où se mourait Gertrude Corantin. Il s'arrêta gravement auprès du lit, et prenant dans la sienne la main matte et amaigrie de la jeune fille, il la considéra longtemps et en silence. Ce minutieux examen dura plus de trois longues minutes, pendant lesquelles l'inconnu parut absorbé et méditatif.

Gertrude Corantin était une belle jeune fille de dix-huit ans, dont les yeux étaient alors brillants par la fièvre, et les pommettes des joues d'un rouge vif et brûlant.

L'inconnu mira son regard dans celui de l'enfant :

— C'est ton cœur qui souffre, jeune fille, c'est lui qu'il faut soulager.

Un sanglot déchirant s'échappa du coin le plus obscur de la chambre. L'étranger détourna la tête, et, dirigeant son regard vers l'endroit d'où était parti ce cri douloureux, il aperçut un jeune homme qui, assis sur une escabelle, tenait dans ses deux mains son front penché. Cette profonde douleur le toucha. Alors, ramenant son regard sur celui de la moribonde, il lui dit en lui désignant le jeune homme qui pleurait :

— C'est de là qu'émane ton mal, ma mie.

L'enfant pâlit et baissa les yeux, mais cette pâleur ne fut que passagère, et la pauvre agonisante parut en proie à la plus vive émotion.

— Pleure, ma gentille, exclama l'étranger, avec une sollicitude toute paternelle ; pleure, les larmes te soulageront.

Et la jeune fille pleura.

— Tu aimes cet enfant, riposta l'inconnu en pressant tendrement la main de Gertrude et en lui désignant le jeune éploré.

Gertrude ne répondit point ; mais sa main trembla dans celle du questionneur.

— Qu'est-ce donc qui contrarie ton sentiment pour lui?

— Il est pauvre, hasarda la jeune mourante d'une voix éteinte, et je suis promise à un autre qui a 5,000 livres comptant.

— Cinq mille livres!!! pensa le voyageur, c'est tout mon avoir... mais je suis à Tancarville... bientôt dans les bras du baron... et cette jeune fille se meurt...

Cette fois, l'inconnu demeura bien longtemps immobile et pensif. Puis un sourire radieux comme ceux que Christ adressait aux infortunés qu'il soulageait, éclaira son beau visage et plissa sa lèvre ombragée d'une épaisse moustache.

Le jeune homme qui s'était glissé auprès de lui comme un lézard pour épier ses moindres gestes, sentit à ce sourire son âme s'inonder d'un rapide bien-être.

— Dieu est tout-puissant, dit le voyageur en élevant sa main vers l'immensité ; c'est lui qui unit les destinées, c'est aussi lui qui les sépare... Il faut beaucoup le prier. Prions donc, mes chers enfants ; prions le Créateur qu'il envoie dans cette pauvre demeure la vie et le bonheur.

Ce disant, l'inconnu s'agenouilla, le jeune homme en fit autant ; Gertrude éleva ses yeux au ciel et joignit les mains.

« Seigneur, dit l'homme à la cape blanche, si
» l'un de vos serviteurs est en état de venir en
» aide à la jeune fille qui souffre, dirigez sa main
» hospitalière vers cet humble chevet, et bénissez
» du haut de votre empire le pur et chaste senti–
» ment qui s'exhale ici en larmes et en afflic–
» tions. »

Il se releva, puis se pencha sur la couche de Gertrude :

— Courage, ma gentille, exclama-t–il en re–prenant la main de la jeune mourante ; avant que la nuit soit venue obscurcir l'horizon et envelopper de sa brume épaisse les gaillardes tours de Tancarville, cet enfant sera ton fiancé.

Puis il baisa le front brûlant de Gertrude, et il s'éloigna avec le jeune homme qui secouait tristement la tête.

Quand ils reparurent dans la chambre d'entrée, le couvert était mis. On se mit à table et l'on soupa.

— Nous ne te chanterons point la ballade du pays, s'écria de nouveau la petite fille qui se retrouvait auprès de l'inconnu, car tu ne nous as point fait jouer.

— Pour te dédommager, ma mie, je vais te chanter la ronde de l'exil, reprit le voyageur d'une voix si basse qu'on l'entendit à peine.

— Qu'est-ce donc que l'exil, demanda la jeune babillarde?

— L'exil, c'est le séjour qu'on fait sur la terre étrangère, loin de toutes les affections, loin de la famille, loin des amis, loin du pays. L'exil, c'est une longue captivité, pendant laquelle une extrême sujétion vous retient dans un lieu qui ne fut jamais le vôtre et pendant laquelle on gémit et on courbe la tête.

— Alors, chante-nous la ronde de l'exil, bon voyageur, demanda la petite en approchant le pichet tout près de l'inconnu, et nous entonnerons tous ton refrein.

L'homme à la cape blanche chanta ainsi :

Si sous le joug altier
S'affaisse la patrie,
Il faut quitter ta mie,
Beau gars à marier.
Si vient briller l'acier
De cohorte à combattre,
Il faut savoir te battre
Sans être prisonnier.

Car mieux vaut le péril
Au son de nos fanfares,
Que chez tous ces barbares
Un seul instant d'exil.

Si le destin parfois
Penche pour la victoire,
Il faut pour plus de gloire
Redoubler tes exploits.
Si la rigueur des lois
Chez l'étranger te traîne,
Il faut avec sa haine
Fuir la haine des rois.

Car mieux vaut le péril
Au son de nos fanfares,
Que chez tous ces barbares
Un seul instant d'exil.

Si l'Anglais triomphant
Veut emmener ton frère,
Il faut, plus téméraire,
L'arracher au tyran.
Si, pauvre serf errant,
Oppressé, tu succombes,

Il faut, contre les tombes,
Consulter le néant.

Car mieux vaut le péril
Au son de nos fanfares,
Que chez tous ces barbares
Un seul instant d'exil.

Si nos toits en débris
S'écroulent dans nos plaines,
Il faut rompre nos chaînes
Et venger le pays.
Si vainement trahis
On brise nos trophées,
Il faut de nos armées
Disputer les proscrits.

Car mieux vaut le péril
Au sein de nos fanfares,
Que chez tous ces barbares
Un seul instant d'exil.

Tous les enfants avaient répété en chœur chaque refrein du voyageur. Lorsque la ronde fut terminée, l'inconnu se leva, se couvrit de sa cape, prit son bâton, et, s'approchant de la femme qui l'avait si bien accueilli :

— C'est votre fils, lui demanda-t-il en lui désignant le jeune ami de Gertrude, qui était demeuré douloureusement affecté?

— Oui, sire voyageur.

— Lui seul doit sauver votre nièce.

Comment cela, bégaya la femme en levant sur l'étranger un regard hébété?

— En l'épousant.

— Nenni dà, sire voyageur.

— Ils s'aiment tendrement.

— Je n'y puis rien.

— Pardon, bonne femme, vous pouvez tout. Dieu a déjà envoyé à votre fils la faible dot qui lui est nécessaire pour devenir l'époux de cette enfant. Allez donc, demandez sa main à son père; allez et revenez l'encourager à vivre.

— S'il me fallait attendre le grand Prophète, je crois que je vous prendrais pour lui, sire étranger.

— Le grand Prophète est venu en son temps, bonne femme, pour annoncer aux hommes tout ce que sa riche et sage clairvoyance entrevoyait dans l'avenir, comme aujourd'hui le captif revient parmi les siens pour les aider à vivre.

Un léger cri, qui ressemblait à l'accent de la joie, poussé dans la chambre voisine, obligea la sœur de dame Corantin ainsi que son fils, à se rendre vivement auprès de Gertrude.

Et tandis que la jeune fille, assise sur son séant et revivant à l'espérance, faisait briller aux yeux ébahis de sa tante et de son fiancé une somme de cinq mille livres, oubliée à son chevet par le charitable voyageur, l'homme à la cape blanche s'écartait furtivement de la chétive maison, en répétant d'une voix vibrante :

Car mieux vaut le péril
Au sein de nos fanfares,
Que chez tous ces barbares
Un seul instant d'exil.

Il approchait de la falaise de Tancarville.

Le soleil était entièrement couché. Quelques nuages opaques s'amoncelaient au ciel. Le crépuscule était tombé. La partie du ciel, que perçaient les tours gothiques du manoir, se voilèrent de crêpe noir, tandis que du côté de Quillebeuf, à l'autre rive, le couchant restait empreint d'un reflet rougeâtre. A mesure que le voyageur hâtait sa marche vers la colline, il sentait son cœur se serrer et se fendre sous le poids d'un âpre et cruel pressentiment de malheur; aussi, sa physionomie prit-elle, petit à petit, un triste aspect de douloureuse inquiétude. Rouergue!!!... s'écria-t-il, mon bon seigneur de Rouergue, je vais donc te revoir, après seize ans d'absence! Et vous, ma femme, mon enfant chéri, je vais donc vous presser sur mon cœur et me dédommager, par vos tendres caresses, de l'oubli dans lequel j'ai vécu si longtemps!

Quand il eut achevé ces mots, il se sentit plus accablé, si accablé, qu'il ne put continuer sa route et tomba presque inanimé au pied de la colline.

Alors un homme apparut tout à coup à ses côtés. Cet homme était François de Berneval qui, regagnant silencieusement son habitation, avait entendu les exclamations du voyageur, et se disait :

— Cette ombre blanche sent fièrement le revenant; et, à l'époque où nous vivons, les revenants sont dangereux!...

— Vous paraissez épuisé de fatigue, cher maître, lui dit-il en l'abordant avec cafarderie.

— Vous êtes de Tancarville, messire, exclama le voyageur sans répondre à l'interpellation de Berneval?

— Je m'en fais gloire, maître.

— Vous appartenez au personnel du baron?

— Nenni, sire étranger, mais je le vois souvent.

— Alors, daignez me parler de lui, messire.

— Vous le connaîtriez, maître?

— Je l'ai servi longtemps, et il y a seize ans que j'ai cessé de le voir.

— Oh! il s'est passé, ici, bien des choses depuis ce temps-là.

— La baronne...

— Est morte, cher maître, en donnant le jour à une fille qui fut confiée à dame Lyndaï.

La poitrine de l'inconnu faillit s'ouvrir, tant son cœur bondit à ces paroles.

— Mais, hélas! continua Berneval, auquel l'émotion du voyageur avait révélé le nom.

— Eh bien? demanda celui-ci.

— Eh bien, cette dame Lyndai n'était qu'une sorcière...

— Misérable!!!

— Qui a placé dans le berceau de Rouergue une autre fille amenée par le diable à Tancarville...

— Démon, tais-toi.

— Si bien que ces deux filles ont été confondues sans qu'on sache laquelle est l'héritière du baron. Aussi, la bonne dame Lyndai en est-elle morte de repentir.

— Morte!!! hurla l'étranger, en enfonçant ses ongles dans sa chair; morte! elle est morte!!...

Et il pleura amèrement.

— Quant au fils de cette magicienne, il lui a fallu déguerpir; le baron l'a chassé comme un lutin maudit.

Chassé!!! vociféra l'inconnu en interrompant tout à coup ses larmes et en montrant à Berneval un visage affreusement contracté. Chassé, Raoul... Le baron a chassé mon enfant.. . . . .
. . . .

L'architecte feignit la surprise et parut devoir tomber à la renverse, lorsque cet aveu fut enfin sorti de la bouche de Jacques Lyndai.

— Oh! dit-il d'un air contrit, en se rapprochant de l'ancien serviteur du baron, quoi! vous seriez... quoi! c'est vous qui êtes... Pauvre infortuné ! que je vous plains et combien je me maudis d'avoir été si indiscret. Venez dans ma maison, venez, et donnez-vous bien de garde d'entrer dans cet ingrat manoir où vous ne trouveriez qu'outrages et déceptions.

— Non, s'écria la malheureuse victime de cet énergumène, je vous bénis au contraire, moi, de m'avoir averti d'avance de tous ces malheurs. Non, je n'entrerai point à Tancarville ; non, je ne veux pas voir le baron, l'ingrat, le perfide qui a chassé mon enfant. Mais mon fils, mon cher Raoul, où est-il, pour l'amour de Dieu ! Ayez pitié de moi, et dites ce qu'est devenu mon fils.

— Il était seul, je l'ai recueilli, répondit traîtreusement Berneval. Vous le trouverez à Rouen, place de la Pucelle, dans l'un des ateliers de sculpture de François de Berneval, atelier où il n'est connu que sous le nom de *Jérémie*... Oh ! ne vous offensez pas de ce changement, maître ; c'est un tout petit sobriquet que je lui ai donné dès l'enfance, à cause de ses éternelles lamentations.

Et Berneval feignit de vouloir égayer Jacques.

— Que ne vous dois-je pas, interrompit bruyamment Lyndai, en tombant dans les bras du grand artisan?

— Vous ne me devez rien, qu'une seule promesse, celle de rester chez moi jusqu'à ce que je vous conduise...

— Je pars de suite pour Rouen, s'écria avec exaltation l'infortuné père ; ces lieux me sont odieux, il me tarde de les quitter pour embrasser mon fils.

— Alors... vous devez être à bout de ressource... Tenez, prenez cette bourse, et hâtez-vous de gagner Lillebonne où vous passerez la nuit.

Cela dit, Berneval jouant le généreux, après sa froide barbarie et son épouvantable cynisme, tendit une bourse à celui qui venait de se dépouiller de cinq mille livres pour le salut d'une vassale du baron. L'architecte prévoyait dans le retour de cet homme un terrible dénoûment à ses projets, car Raoul, qui n'avait personne à qui se confier, se sentant dès-lors appuyé de son père, sa sauvegarde et son guide le plus sûr, ne resterait plus muet et inactif devant le fatal secret qu'il possédait. Le plan du frauduleux artisan avait donc été conçu dans son esprit aussi rapidement que la pensée. Il avait hâte d'éloigner ce dangereux et hostile personnage ; aussi mit-il en jeu les moyens les plus extrêmes pour l'écarter plus sûrement du manoir, et lui ôter même jusqu'à l'envie d'y revenir.

— Dieu vous garde ! cria Jacques Lyndai à François de Berneval en le quittant et en l'embrassant avec transport.

— San Iago vous soit en aide, répondit l'architecte en recevant l'accolade.

Et ils se séparèrent.

L'un, le serf errant, monta sur la falaise pour voir, *quand même*, une dernière fois, les créneaux de Tancarville, et exhaler sa douleur la plus âpre au lieu même qui lui avait ravi toutes ses affections; l'autre, l'artisan, feignit de suivre la direction du rivage, mais il escalada prestement la colline, par le côté opposé; et, dès qu'il eut atteint le château, il se précipita dans les cuisines, disant à tous les serviteurs du baron : J'ai vu passer tout à l'heure une ombre en peine qui vient réclamer des prières; elle erre dans le domaine de Rouergue, et va peut-être faire ici même une apparition. Récitons un *de profundis*, mes amis, pour le repos de tous ceux qui sont morts à Tancarville, et élevons nos âmes à Dieu.

Le service du souper fut interrompu au manoir par cette funeste nouvelle que venait d'y apporter maître Berneval; aussi, lorsque le pauvre Jacques longea, toujours vêtu de sa cape de voyage, les abords du château, les valets s'agenouillèrent-ils avec crainte et se mirent-ils à réciter la prière des morts, en croyant crédulement reconnaître l'ombre de l'ancien ami du baron.

Tel est le sujet de l'effroi peint sur tous les visages des gens de Tancarville, lorsqu'à dix heures Raoul entra dans la cuisine. Tel est ce revenant aux noces duquel dame Marthe avait dansé et pour lequel elle n'avait pas vu le cierge de la mort.

Le serf errant était tombé, appesanti par la douleur et le chagrin, sous les pommiers de la campagne qui dominait la falaise, ce qui avait fait croire au jeune apprenti, d'après l'explication des valets, que cette ombre pourrait bien être le diable Berneval. Aussi, est-ce par ce miraculeux incident que le jeune travailleur, sans se douter que son père fût là, plein de vie devant ses yeux; est-ce ainsi, dis-je, qu'il l'avait accosté si étrangement au milieu des ténèbres; car à la longue affliction de Jacques avait succédé un profond engourdissement, une inertie complète qui l'avait obligé à passer la nuit sur la terre froide et humide de la falaise.

Et, le lendemain, lorsque muni des deux bourses de Berneval et de Raoul, l'infortuné père, qui avait dû faire effort sur lui-même redescendait tristement la falaise pour gagner courageusement la route de Lillebonne, c'est encore lui qu'avait aperçu Berthe et vers lequel la cordiale et charitable enfant s'était élancée.

C'est donc au pied de la falaise que nous avons laissé la candide jeune fille; retournons vers elle et écoutons ses paroles :

— De grâce, s'écria-t-elle en tirant Jacques par sa cape, car le pauvre homme s'éloignait à grands pas; de grâce, bon voyageur, écoutez-moi.

— Le temps me presse, répondit Jacques d'une voix sombre.

— Mais où allez-vous donc ainsi, et pourquoi passer sans vous arrêter au manoir?

— J'ai ouï dire que l'hospitalité et l'humanité en étaient bannies pour jamais.

— Tu te trompes, ou l'on t'a trompé, exclama Raoul avec vigueur.

Jacques regarda le jeune apprenti avec dérision et amertume, et comme il le reconnaissait pour son bon génie de la nuit, il lui dit :

— C'est toi qui t'abuses, chérubin.

— Non, reprit Berthe en levant son voile, mouvement qui fit reculer Jacques et le tint longtemps immobile; non, c'est vous qui vous trompez, sire voyageur. Et si vous voulez apprendre à mieux juger le manoir, entrez-y et vous y reposez.

— Merci, ma suzeraine, répondit Jacques avec des larmes dans la voix, et en ne détachant pas ses regards de dessus la jeune fille, je ne dois pas m'arrêter, il faut que je hâte ma marche.

— Eh bien, acceptez du moins cette croix d'émeraudes, ce sera le symbole de la réhabilitation de Tancarville dans votre esprit.

— Oh! vous êtes bien la fille de la baronne, s'écria alors Jacques dans un mouvement de douloureuse émotion et en la contemplant avec amour. Vous avez bien son regard tendre et touchant, lorsqu'elle s'adressait à l'infortune. Vous avez sa beauté séraphique, vous avez son cœur d'or, vous êtes revêtue de tout son ensemble et de toute sa gracieuse tournure. C'est vous, c'est elle! ou plutôt c'est le même être, le même ange confondu en une seule enveloppe.

Et Jacques s'agenouillant devant Berthe qui, interdite et terrifiée, tendait toujours la croix; Jacques, dis-je, baisa à plusieurs reprises la main de la jeune châtelaine; et, ayant pris le joyau, il l'éleva au ciel en disant.

On m'oublie en me méconnaissant... En pardonnant je me souviendrai!

Puis, sans que Raoul ni Berthe eussent eu le temps de revenir de leur surprise et d'adresser une nouvelle question à l'infortuné père, le serf errant s'éloigna en donnant un libre cours à ses sanglots et en répétant sur la croix de Berthe qu'il baisait avec transport :

On m'oublie en me méconnaissant... En pardonnant je me souviendrai !

CHAPITRE IX.

—

La Politique de Louis le Dauphin.

Il était expérimenté
Et savait que la méfiance
Est mère de la sûreté.

(LAFONTAINE.)

CE matin-là maître Berneval s'était éveillé fort gaillard. Son escient de la veille était cause de cette humeur joyeuse.

Ah! disait-il à son auguste moitié, femme très-respectable du côté de l'ampleur et très-recommandable du côté du teint, ah! que ma bonne étoile m'a bien inspiré hier, en me faisant passer à huit heures avant minuit au pied de la falaise.

— Vous n'avez pas peur que votre *revenant* ne revienne sur ses pas, et n'entre au manoir par un détestable revirement?

— Non, ma chère Brunehaut; d'ailleurs, c'est aujourd'hui que Raoul et moi nous nous rendons à Rouen, afin d'y entreprendre les ouvrages ordonnés par monseigneur le dauphin. Là, je retrouverai mon homme et je ne le perdrai pas de vue.

— Vous n'avez pas peur qu'il ne vienne à connaître Raoul, dans votre ville de Rouen où ils seront tous deux?

— Encore bien moins, ma mie, car j'aurai soin de les tenir à distance. Or, le bonhomme, persuadé d'avoir retrouvé son fils dans ce petit diable de Jérémie, que j'ai eu l'heureuse idée de lui substituer, ne fera aucune difficulté pour aller plus loin encore... à Paris, par exemple!

— Qui donc l'y enverra?

— Mon bon plaisir, dame.

— Prenez garde, cher maître.

— Je suis adroit, ma mie.

— Mais si Jérémie, tout inconnu et abandonné qu'il soit, refuse de reconnaître ce vilain pour son père?

— Jérémie est un être que votre pitié a recueilli dès l'enfance; sait-il seulement à qui il a jamais appartenu légitimement.

— Mais lorsque Jacques Lyndai lui parlera du manoir et du baron, que répondra-t-il ?

— Qu'il ne s'en souvient pas. Alors Jacques pensera que son fils était encore en bas-âge lorsqu'il fut chassé de Tancarville.

— Mais si Jacques venait à reconnaître quelque serf du baron ?

— Je déteste les *mais*, dame Brunehaut.

— Jésus ! mon cher maître, c'est la première fois que je tremble pour votre repos.

— C'est une fois de trop.

— Si le diable que vous avez l'intention de ramener prochainement au manoir, allait se mêler de vos affaires et les brouiller ?

L'architecte tourna vers sa chère moitié sa mine rougeaude, souriante et pateline. Alors dame Brunehaut attendrie, cessa cet entretien fâcheux.

— J'ai faim, grommela l'artisan.

En un clin d'œil le dejeûner fut prêt, et maître Berneval ainsi que dame Brunehaut, prirent place devant une table pompeusement servie.

— Qu'est devenu Raoul depuis hier, demanda le maître en faisant honneur à un rable de lièvre ?

— Dès que le prince fut parti, il se dirigea du côté du manoir et il ne reparut point ici. Il hâte sans doute ses préparatifs de départ.

Cela dit, dame Berneval prenant un pot de vin

clairet, en versa le contenu dans une coupe d'argent, véritable chef d'œuvre, digne d'un Benvenuto Cellini. Et l'architecte savoura la boisson délectable.

— Ce drôle m'a presque fait peur, exclama-t-il en dévorant l'une après l'autre cinq cailles de bonne mine, et j'ai vu le moment où le baron, instruit de mon stratagème, n'aurait plus qu'à me faire pendre en me forçant à lui désigner mon enfant. Ah! ah! c'est que cette supercherie sent la corde. Mais ma bonne étoile, qui ne m'abandonne jamais, est venue à mon secours; elle a voulu que Raoul, après m'avoir ravi mon secret, dont je lui fis apparemment l'aveu en dormant, ne fût pas convaincu de l'exacte vérité; ma bonne étoile a voulu qu'il demeurât obstiné dans sa première croyance..

C'est ainsi que Berneval interprétait le silence de Raoul; il ne réfléchissait pas que le calme prolongé de l'atmosphère se termine souvent par l'orage.

— D'ailleurs, observa dame Brunehaut en tenant tête à son époux vis-à-vis des mets appétissants qui couvraient la table, d'ailleurs, une telle révélation n'aurait pas de fondement auprès du baron dont l'amitié pour vous est trop solide pour se laisser troubler par le moindre nuage; le sire de Tancarville qualifierait d'imposteur cet audacieux maraud, et croirait faire outrage à votre mérite en l'altérant d'un si cruel soupçon.

— Vous avez raison, répondit Berneval en laissant tomber un long regard de jubilation sur quatre perdrix et un poulet gras de Torigny qui faisaient leur entrée. (L'estomac d'un Normand d'autrefois ne saurait avoir de comparaison avec celui de nos Parisiens modernes; il faut dire aussi que les capacités des habitants de la Neustrie ne ressemblaient en rien aux facultés de nos pygmées.) Je pars donc pour Rouen en pleine sécurité et la quiétude au cœur, ajouta Berneval.

Dame Brunehaut ressemblait à Berneval comme la giroflée ressemble au girofle; elle avait, plus sa vaste circonférence, le teint pourpré, les yeux fauves, les lèvres blanches du petit homme rusé et ratatiné auquel elle avait uni sa destinée.

Tous les deux riaient et plaisantaient souvent, montrant aux gens le vide caverneux de leur bouche édentée. Jamais on ne vit un couple si bien assorti sous le rapport de la physionomie et des sentiments; jamais on ne vit une telle disproportion dans la corpulence.

— Ma chère Brunehaut, exclama le maître en se penchant sur le dossier de son fauteuil non blasonné, mais sculpté en grand relief, ma chère Brunehaut, je déjeûne fort bien aujourd'hui.

— J'espère vous traiter mieux encore lorsque j'aurai à donner mes ordres dans le fief de notre fille.

— Oui dà, j'y compte aussi.

— Comme elle est belle sous ses nobles atours de suzeraine ! Combien les perles et les joyaux rehaussent ses traits fiers et hautains !

— Oh ! fit l'architecte avec béatitude.

Puis une foule d'idées vaines et ambitieuses envahirent son cerveau légèrement surexcité par le vin clairet de sa chère moitié.

— Je ne crains qu'une chose, reprit dame Brunehaut en faisant place sur la table à quatre galettes de blé noir, dessert alors très-friand.

— Et laquelle ?

— Je crains que notre fille ne méconnaisse un jour l'*immense sacrifice* que nous avons fait pour elle, et qu'elle nous repousse et nous renie.

— Allez-vous recommencer vos éternelles lamentations, demanda l'artisan avec humeur ?

Dame Berneval, au cœur de laquelle il apparaissait périodiquement une lueur de sentiments maternels, lança, en ce moment, un regard de détresse sur les hautes tours du château de Tancarville.

— Une plainte ne m'est-elle pas permise? exclama-t-elle; n'ai-je pas été privée de mon enfant dès son entrée dans la vie, et...

— Allons, paix !!! s'écria l'artisan en faisant voler en mille éclats un objet de vaisselle placé sous sa main.

A cette façon tout armoricaine d'imposer sa volonté, l'époux fut obéi. Et la dame voulant de suite rentrer dans les bonnes grâces de son seigneur et maître, lui versa une ample rasade, puis changeant de conversation :

— A propos, vous ne savez pas la nouvelle?

— Non, dit avec un reste d'humeur Berneval en s'approchant de la fenêtre et en regardant les nuages courir au ciel.

— Eh bien, un habitant de l'autre monde est venu ressusciter Gertrude.

Ou Berneval n'entendit pas cette plaisante assertion, ou il ne daigna pas y répondre, tant la chose l'intéressait peu.

— Si bien, continua dame Brunehaut, que la jeune fille trouva à son chevet cinq mille livres en bon argent pour épouser son cousin, lequel lui était obstinément refusé par le père Corantin, parce qu'il était trop pauvre. Voyez un peu si la Providence ne s'est pas mêlée des affaires de ces gentils chérubins, en leur envoyant ainsi un bon génie qui leur a donné dot et santé. L'exilé qui a passé par là hier au soir, car c'est un exilé, la petite Brunette, qui est une babillarde, me l'a affirmé; voilà pourquoi je le nomme *habitant de l'autre monde;* l'exilé, dis-je, qui a passé par là a été bien inspiré, car Gertrude est la perle des vassales du baron. Je puis parler ainsi, puisque c'est le dire de chacun. — L'homme, dit-on, à qui les Corantin sont redevables du salut de leur fille, a disparu comme une ombre, après l'opération de sa bonne œuvre. On n'a su ni son nom, ni sa profession. Les enfants lui avaient demandé des contes, il leur a chanté des rondes. — Songez bien que je ne fais que répéter les redites de la petite Brunette. — Cet incident paraît peu de chose pour vous, maître; eh bien, ce petit rien occupe considérablement les esprits, car de mémoire d'homme, on n'a jamais vu un rétablissement si prompt. — En vérité, le grand Dunois, avec ses nombreux exploits, n'a pas autant fait parler de lui dans notre contrée que le sauveur de Gertrude depuis hier au soir. — A coup sûr, si l'on vivait au temps des croisades, on croirait que l'elixir d'un revenant de la terre sainte a seul pu opérer ce miracle. Par l'eau merveilleuse de la falaise d'Orcher, si je connaissais ce fugitif, je courrais sur ses traces lui emprunter une dose de sa liqueur spiritueuse, ou baiser le bas de sa robe, afin que mes grâces ne s'effacent point et me rendent belle longtemps...

Maître Berneval qui avait été froid et indifférent tout le temps de cette longue tirade, fit à ces derniers mots une affreuse grimace, à laquelle la tolérante dame ne daigna pas prendre garde. Aussi continua-t-elle :

— Mais, comme dit la petite Brunette : Allez chercher, dans le canton de St-Romain, sa longue cape blanche et son bâton de proscrit.

L'artisan, qui alors regardait le rivage de la Seine, fit un soubresaut comme si un requin fût sorti du fleuve.

— Eh bien, quelle mouche vous pique, cher maître?

— Répétez donc ce que vous venez de dire, grommela l'architecte qui fixait toujours ses yeux sur le rivage.

Dame Brunehaut répéta son exclamation, puis elle vint s'appuyer sur le support de la fenêtre ogive, et elle aperçut Raoul et Berthe se tenant par la main et suivant bien tristement le chemin qui conduisait à l'humble maison de Gertrude Corantin.

— Ah! ah! fit dame Brunehaut en désignant le jeune apprenti, voici donc la mouche impertinente qui a failli vous faire évanouir?

— Il est bien question de cela, reprit Berneval avec humeur, cet homme, cette cape blanche, ce bâton dont vous parliez à propos de la maison où est Gertrude...

— Eh bien?

— S'il a été reconnu, c'est fait de moi, je n'ai plus qu'à rêver au gibet.

— Que voulez-vous dire?

— Que cet homme n'est autre...

— Silence, malheureux! mais ces enfants qui se rendent auprès de Gertrude et qui vont tout apprendre.

— Ma bonne étoile se voile.

— Il y aura de l'orage.

— Mais comme je préfère le beau temps, je cours la dégager.

— Où donc?

— Dans la constellation où elle s'obscurcit.

Et Berneval, comme un serpent agressé par le coup de bec d'un faible oiseau, s'élança sur la route riveraine d'Orcher où était située la maison de Gertrude.

Pendant qu'il rampe et cherche dans son horrible tête le moyen le plus facile à jeter son venin, transportons-nous à la tour de Lillebonne, où un bel enfant de dix-sept ans, assis devant une table couverte de parchemins, s'occupe à une chose très-sérieuse qui semble réclamer toutes ses facultés intellectuelles.

Oui, se dit-il en jouant avec un style d'or dont la pomme représentait Marie d'Anjou sous la figure de Latone ; oui, ce système de poids et mesures ne vaut rien ; il faut qu'il soit changé ! Cette livre (poids) avec ses divisions irrégulières, qu'est-ce que cet affreux amphigouri ? c'est par dizaines que la division des poids devrait exister en France. Quand je serai sur le trône et que j'aurai acquis le titre de souverain, j'ordonnerai un système par décimes. Qu'est-ce encore que cette aune avec ses subdivisions fractionnaires qui suscitent toujours des erreurs ; et puis cette monnaie avec son ordre équivoque, et puis cette mesure agraire avec ses valeurs dont la variété est détestable, et puis encore ces solides avec leur *imbroglio*.......

— A quoi donc s'occupe mon bel ange ? exclama tout à coup une voix mélodieuse qui vint interrompre les combinaisons de cet esprit remuant, tandis qu'une main cotonneuse se glissait dans la chevelure souple et arrondie du calculateur.

— A soulever deux graves et utiles questions, Madame, répondit Louis le Dauphin en penchant doucement sa tête, et en arrêtant sur le visage radieux de Marie d'Anjou, son regard humide de tendresse et de piété filiale.

— J'aurais dû m'en douter, dit la reine qui, donnant un coup de pied plein de grâce au bas de sa longue robe de brocard d'or, en chassa les contours onduleux. Puis elle retint par l'épaule son fils qui voulait se lever.

— Comment cela, Madame, demanda Louis de son air toujours grave et sérieux.

— Parce qu'hier au soir, lorsque vous fûtes de retour de votre court voyage à Orcher, vous prévîntes l'une de mes femmes que vous auriez ce matin à m'entretenir dès mon lever, et que voilà déjà deux mortelles heures passées sans votre bonjour.

— Oh! pardon, exclama le prince en souriant alors du sourire de la prière.

— Pardonner, murmura Marie, c'est ma constante mission ici-bas; c'est le seul art que je possède.

— C'est celui qui enfante la rédemption. C'est donc vous qui ralliez les créatures au Créateur.

Marie jeta les yeux sur les caractères tracés par son fils, et elle sourit.

— Votre imagination toujours laborieuse n'a point de repos, Louis. Vous rêvez un autre système de poids et mesures.

— Qu'en pense votre seigneurie?

— Je pense qu'un changement à cette vieille coutume ne peut avoir lieu à notre époque.

Le prince fronça le sourcil et répliqua:

— Sous le règne de mon père, je conçois qu'une telle amélioration soit impossible, mais sous le mien....

La reine abaissa sur Louis le Dauphin un long regard de sévère reproche et de froide dignité, qui enveloppa l'enfant tout entier de sa noble puissance, et le fit plier comme le roseau plie sous le souffle du vent du nord.

— Avez-vous reçu des nouvelles du roi, ma mère? reprit le fils de Charles VII en cherchant à effacer, par cet entretien toujours plein de charme pour Marie, la douloureuse impression qu'il venait de produire sur elle.

— Non, répondit-elle en passant lentement sa main sur son front comme pour en effacer un nuage, depuis quinze longs jours je n'ai reçu aucune nouvelle. Ces émissaires sont d'une lenteur.

— C'est encore là un grave sujet qui me préoccupe, dit le prince en se levant pour approcher un siége à la reine. Je songeais aussi lorsque vous vîntes à moi, Madame, aux moyens d'organiser un service général qui se chargerait d'expédier dans tous les lieux possibles les missives de chacun. Ainsi, par exemple, des courriers partant chaque jour à une heure fixe de tous les points de la France, porteraient universellement, à leurs destinations, les lettres triées et classées par ordre, de sorte que chaque jour, il arriverait en chaque ville de notre royaume une estafette particulière qui y déposerait toutes les lettres dont elle serait chargée, afin qu'elles y fussent distribuées. Et dans chaque ville notable des provinces, je voudrais qu'il y eût un bureau central où viendraient se réunir tous les envois des villages, bourgs et bourgades environnants.

— J'approuve fort ce second plan, prince, lui dit Marie qui l'avait écouté attentivement, et je voterais pour sa mise à exécution. Cette deuxième question vaut mieux que la première, et si j'avais à me prononcer entre elles, j'avoue que je ne balancerais pas une minute. Cette pensée est riche pour l'humanité qu'elle allégera considérablement; et beaucoup d'emplois, qu'exigera une telle entreprise, occuperont une foule d'oisifs et de pères de famille, bienheureux de trouver ainsi un abri contre l'adversité. Persévérez, mon cher Louis, dans ce beau rêve, afin que si votre règne dote la France d'un tel établissement, les générations futures puissent dire qu'elles vous sont redevables de la poste aux lettres.

Puis la reine en se penchant vers le dauphin qui, sensible à l'approbation de sa mère, la regardait fièrement, lui dit :

— Je n'ai qu'un regret, celui de ne voir votre

merveilleuse combinaison se réaliser à l'instant; je ne serais peut-être pas si souvent dans l'attente lorsqu'il s'agit pour moi de recevoir des nouvelles du roi votre père.

— Mais, ajouta-t-elle, ce n'est pas là le motif de l'entretien que vous deviez avoir avec moi. Descendons au préau, et si vous le voulez bien nous causerons en nous promenant.

Ils descendirent au petit pré qui avoisinait le château de Lillebonne, et là, foulant l'herbe encore tout humide de la rosée du matin, ils longèrent lentement la haie qui les séparait de la route.

La douce mélancolie et la résignation répandues sur la chaste physionomie de Marie en faisaient la principale expression. Son regard, toujours limpide et brillant, reflétait la pureté de son âme, et la majesté, qui présidait à tous ses mouvements, venait encore rehausser les charmes qu'elle tenait de la nature et qu'elle n'avait nul besoin d'emprunter à l'art. En cet instant, un simple diadème de perles, posé sur son front royal, et deux tresses fort épaisses encadrant sa figure, la rendaient si belle, dans cette grave simplicité, qu'on l'eût facilement prise pour une reine du ciel, si quelques douloureux soupirs, interprètes de la souffrance la plus terrestre, ne fussent venus de temps en temps soulever sa poitrine, comme les rafales tumultueuses viennent soulever parfois le blanc pétale du lys.

Parée de sa jeunesse rayonnante, de son regard tantôt altier, tantôt chatoyant, de ses beaux cheveux roulés à l'archange, Louis n'était pas déplacé à côté de sa mère, créée pour régner sur un État aussi bien que pour régner sur des cœurs. Avec peine et chagrin il l'observait, et cherchant à distraire son esprit, il lui dit pour l'égayer :

En revenant d'Orcher, où il y a une certaine eau qui passe pour merveilleuse, quoique cette eau n'ait que la seule vertu d'encroûter les corps qu'elle reçoit à sa surface, je traversai la falaise de Tancarville.

— Tancarville, murmura une faible voix qui ressemblait à l'écho fugitif de Gonfreville.

Le prince regarda la reine qui souriant répéta : Tancarville.

— Je n'avais pas reconnu la voix de ma souveraine, exclama le jeune dauphin. Vous savez, Madame, que le sire de Tancarville est l'un des plus riches seigneurs de la France. J'admirai en passant ces hautes et gaillardes tours, ces donjons menaçants défiant les tempêtes, et je me promettais de vous accompagner en ces lieux tout pleins du souvenir de Jeanne de Navarre, lorsque soudain je rencontrai.... mon Dieu, si j'osais prier votre gracieux esprit de deviner.

— Mais c'est tout simple, exclama la reine en indiquant à Louis une violette qui se cachait sous sa large feuille, et fut cueillie en un clin d'œil, cela est très-simple à deviner : vous avez rencontré la fille du bon châtelain.

— La violette était en société de cette *rose de vipère* (1)..... En vérité, Madame, je ne sais si je dois vous l'offrir !.....

— Donnez-les toutes deux, mon cher Louis.

— Et j'ai rencontré deux jeunes filles sur la falaise de Tancarville.

— Elles sont loin d'avoir les mêmes attraits, observa la reine en parlant de ses fleurs qu'elle regardait malicieusement.

— Elles ne se ressemblent en rien, reprit le dauphin qui faisait allusion aux deux sœurs de Tancarville; aussi faut-il dire que l'une est la fille du baron, tandis que l'autre est la fille du diable.

A cette parole, Marie d'Anjou partit d'un violent éclat de rire, et Louis, un instant interrompu, continua :

— Celle sur laquelle est tombé cet anathème, prend sa destinée en patience; c'est bien le cœur le plus précieux, l'âme la plus divine, la physionomie la plus radieuse que je connaisse. L'autre

(1) Les Normands appellent ainsi le coquelicot.

est froide comme la tombe, vide comme le néant, laide comme la mort.....

— Il y a contraste, dit Marie en ensevelissant la petite fleur embaumée sous la passe de son corsage, et en arrachant une à une les étamines noires du pavot des champs. A coup sûr celle-ci s'est épanouïe au souffle de l'ange déchu.

— Sans doute, mais l'opinion générale a bien voulu, dans sa grossière ignorance, donner le démon pour père à celle de ces enfants dont la droite et pure imagination repousse toute sotte et ridicule idée de superstition, et voilà pourquoi....

Un long soupir, qui s'exhala de la haie, vint suspendre la réflexion de Louis le Dauphin. Mais comme l'attention de la reine commençait à se captiver par l'attrait du récit, elle dit à son fils en effeuillant la *rose de vipère*, dont les pétales couleur de sang voltigèrent au sein des airs.

— Voilà pourquoi la plus spirituelle des filles du sire de Tancarville est appelée la fille de Satan.

— Oh ! il y a encore une autre raison. Celle de ces enfants qui n'appartient pas au baron, fut amenée au château sans qu'on puisse savoir ni par qui, ni comment. Ce mystère a donc dû donner lieu à plusieurs commentaires que je veux approfondir ; car je l'ai promis à ma charmante et naïve protégée.... A propos de protégé, Madame, je ne vous cite cette histoire que pour vous parler de celui de cette gentille enfant, car elle a un protégé.

— Un protégé !!! répéta encore la voix de la haie.

Et un homme, vêtu d'une cape blanche, montra son buste au-dessus des branches du buisson.

— On nous épie ! exclama la reine avec inquiétude, en regardant fixement Jacques Lyndai. Car c'était lui qui, arrivant à Lillebonne, longeait la haie du préau, lorsque la vue de Marie d'Anjou et du prince royal avait captivé son attention.

— Mais non, reprit-elle en souriant, c'est un bon pèlerin qui s'en va sans doute à Saint-Vandrille.

Et la noble femme, s'appuyant avec plus d'abandon sur l'épaule de son fils, lui demanda de continuer son récit.

— Ce protégé, poursuivit Louis le Dauphin, est un beau et franc commensal du manoir; un orphelin que ce divin petit génie appelle son frère d'enfance, et qui de bonne heure s'est voué, avec passion, à l'art que vous aimez le plus au monde, ma mère, celui de la sculpture.

— En vérité, exclama Marie dont l'intérêt croissait toujours.

— On m'a réclamé, pour ce passionné sculpteur, votre protection, Madame, et je n'ai pas craint d'ordonner à cet enfant de l'art, et en votre noble nom, un ouvrage qui vous mettra à même de juger de son talent.

— Quel est cet ouvrage ?

— Deux roses à la croisée le Bénédictin de l'église de Saint-Ouen, dont l'une, rose, sera exécutée par le maître des hautes œuvres de maçonnerie du roi mon père, et l'autre par cet enfant qui, j'ose l'espérer, obtiendra votre touchante et bienveillante sollicitude.

— Vous plaidez bien sa cause, mon cher Louis.

— Je me fais l'interprète du bel ange qui me le recommanda si chaleureusement.

— Quels furent les parents de ce passionné sculpteur ?

— Son père, m'a-t-il dit, est mort dans un combat honorable, et une lâche apparition le priva de sa mère. Ces paroles, auxquelles je n'ai prêté aucune attention, me sont revenues à l'esprit ce matin, et je les trouve incompréhensibles. Ce jeune Raoul m'a intéressé plus que je ne l'aurais cru. Il y a sur lui et sur sa jeune et auguste protectrice un mystère que je veux percer, moi, le prince ami de toutes les infortunes du peuple.

— Sans doute, reprit la reine en levant tout à coup et avec surprise les yeux sur Jacques Lyndai, qui, toujours immobile à la même place où elle l'avait aperçu d'abord, était pâle, atterré et comme frappé par la foudre. Vous auriez dû, mon fils, entrer avec cet enfant dans quelques détails touchant ce sujet, puisque ce jeune Raoul vous était recommandé; vous deviez demander une explication à cette étrange parole..... Mais voyez donc ce bon pèlerin, on dirait qu'il va trépasser. Approchons-nous de lui, je vous prie.

Et la reine ainsi que le prince royal s'approchèrent du pauvre serf errant qui venait d'abaisser sa cape, et qui avait pris une humble posture.

— Quel est le but de votre pèlerinage, demanda Marie, dont l'âme toujours compatissante et bonne savait s'intéresser à toutes les positions de la société.

— Tancarville, Madame, répondit Jacques.

— Il n'est en cette baronnie aucun objet de dévotion que je sache.

— La terre natale n'est-elle pas le but du long pèlerinage d'un proscrit, revenant après seize ans d'exil dans sa patrie, Madame.

— Proscrit, vous?....

Jacques répondit affirmativement.

— Quel fut le motif de ton exil, demanda Louis le Dauphin.

— Au combat de Caudebec, après avoir passé pour mort, je fus fait prisonnier et emmené en Angleterre où j'eus longtemps à gémir dans un cachot flottant.

— Et qui t'a délivré ?

—La Providence, mon prince, qui me mit à même d'entrer au service d'un seigneur ennemi, lequel me traita avec bonté et me donna les moyens de regagner mon pays, ma France chérie qui m'avait gardé toutes mes affections.

— Ton nom ?

— Lyndai, Monseigneur.

Louis le Dauphin fit un brusque mouvement de surprise.

— C'est celui du jeune artisan que la fille du baron me recommanda.

— Oh ! Monseigneur ! s'écria alors Jacques en joignant les mains et en faisant violence à ses sanglots prêts à échapper, dites-moi que mon fils n'a pas été chassé par le baron, qu'il est toujours au manoir, et que le sire de Tancarville n'a pas oublié la vieille amitié qui l'unissait à son vassal, avant le siége de Caudebec.

Cette prière, ainsi que l'accent avec lequel elle fut prononcée, émurent vivement la reine, dont une larme voila les beaux yeux. Le dauphin, attendri lui-même, fut un instant sans répondre ; mais, reprenant bientôt sa sévérité habituelle et son caractère altier ;

— Nos sires de Normandie n'oublient pas ainsi les devoirs de l'affection, ni leur foi jurée, répondit-il avec fierté. Je voudrais bien voir qu'un seul de nos gentilshommes fût sourd à la voix de celui qui lui fut cher et utile, et qu'un seul de ses vassaux le méconnût assez pour mettre en doute la sincérité de son cœur.

— Pardon, Monseigneur; mais une voix infernale a glissé à mon oreille un bruit cruel, celui que mon pauvre Raoul avait été chassé dès l'enfance par le baron lui-même.....

— C'est faux!! Si tu t'es dévoué pour ton pays, un des grands du royaume a pris soin de l'enfant que tu laissais orphelin. C'est une satisfaisante compensation. Quelle est la voix qui a pu s'élever pour te dire le contraire?

— Permettez-moi, mon prince, de courir me jeter dans les bras du baron et d'embrasser mon fils.

— Non, certes, tu resteras ici; c'est mon plan, celui qui me conduira à la vérité que je cherche. Mais réponds à ma question, afin que je fasse jeter dans une cage de fer le diffamateur.....

— Prince....

— Réponds, te dis-je.

— Au nom du ciel, Monseigneur.

— Allons, parle, vassal, ou je te fais arrêter.

— J'implore la clémence de votre seigneurie, ainsi que celle de madame la reine.

— Parleras-tu, soldat?

Le serf s'agenouilla et cacha son visage dans ses mains.

— Qu'on arrête cet homme! cria le prince en s'adressant aux gardes écossais qui faisaient la ronde en ce moment.

Et Jacques Lyndai fut amené prisonnier à la tour de Lillebonne.

— Quel est donc le motif qui vous fait agir si cruellement, mon fils, demanda, avec un ton de grave et amer reproche, Marie d'Anjou indignée.

— La politique, Madame.

— Qu'est-ce que ce mot dans votre bouche, exclama la reine en souriant à l'air de grande importance avec laquelle le prince l'avait prononcé.

— Un des seigneurs de mon père est persécuté secrètement par un ennemi inconnu. Il est de mon devoir de découvrir cette trame odieuse. Celui qui a si froidement induit en erreur ce malheureux proscrit, avait un motif puissant, dans lequel étaient compromis les intérêts du baron, pour empêcher que le jeune Raoul ne revît son père. Je dois donc savoir quel est cet homme. Et ce n'est pas ma clémence dans cette affaire qui me le fera découvrir. — Lyndai sera bien traité dans la demeure du duc d'Elbeuf.

— Mais, en attendant, il ne peut embrasser ni

son fils, ni le baron. Je ne puis me faire à une telle barbarie.

— La politique le veut ainsi, ma mère.

Puis prenant tendrement le bras de Marie, qu'il passa autour de son cou, tandis que le sien se glissait autour de la taille souple et fine de la reine, il ajouta, en mirant dans les yeux encore pleins de colère de la princesse, son regard limpide et inondé de piété.

— Si vous étiez victime de quelque sédition ourdie dans les ténèbres, je consentirais volontiers à demeurer quelque temps privé de vos caresses, si, à ce prix, je devais connaître vos ennemis.

— Vous serez un jour un grand politique, répliqua la reine en riant gaiement et en baisant à plusieurs reprises le front pâle de Louis le Dauphin.

Et ils rejoignirent le duc qui venait à leur rencontre.

CHAPITRE X.

—

Un saint Apôtre de l'humanité.

> Celui qui est doué d'un cœur héroïque se rit de l'envie ; il la laisse s'agiter, se gonfler, rugir ; sa vertu ne s'en élève que davantage.
>
> L'abbé ALLEMAND.

MAÎTRE Berneval avait beaucoup perdu de son humeur gaillarde ; il ne souriait plus si joyeusement en longeant la route pittoresque d'Orcher ; ses petits yeux clignotants devenaient, ma foi, fixes, tant la terreur suspendait leur alternatif mouvement ; ses lèvres blanches étaient devenues nacrées, et ses vives couleurs avaient disparu pour la première fois. Cette journée ne valait pas celle de la veille, où sa panique, qu'il avait eue à propos du prince, n'était rien auprès de ce qu'il éprouvait alors. Décidément, c'était fait de lui. Néanmoins, il ne perdit pas courage et résolut de lutter jusqu'au bout. Dussé-je, dit-il, recommencer au manoir mon bruit d'outre-tombe, il faudra bien que ce damné de Lyndai soit pris pour un mauvais esprit.

Après tout, continua-t-il, Tancarville n'est composé que de bonnes et crédules gens, et par les cendres de la sorcière de Vaucouleurs ! que je vis rôtir, il y a huit ans, comme l'un des agneaux du baron, je leur ferai croire que ce revenant n'est rien moins qu'un renégat adonné à la magie.

Comme il parlait ainsi, il aperçut au loin Raoul et Berthe à deux doigts de la demeure de Gertrude Corantin ; l'artisan se sentit venir la chair de poule. Puis, à peu de distance des enfants, il aperçut une litière, celle de messire le prieur de Fescam ; l'architecte crut entrevoir le trépas.

— Est-ce que messire l'abbé viendrait séjourner à Tancarville, se dit-il en ralentissant son pas ? Hum !... hum !... et viendrait-il opposer à mon attirail infernal, que je veux y agiter bientôt, son ciboire et son exorcisme. Par la relapse d'Orléans ! qui revêtit des habits d'homme, chose contraire au Seigneur ! quel combat spirituel va avoir lieu dans la tour de l'Est.... les armes du ciel contre les armes de l'enfer.... Ah! ah! Jacques Lyndai, vassal ou soldat, revenant ou proscrit, ta présence ici aura beau jeu!!!

Et l'impie, qui se proposait d'opposer le profane au sacré, se redressa tant qu'il put, sans réfléchir ni prévoir que la vierge de Domremi, qu'il évoquait si souvent, avait été brûlée pour un crime bien moins évident que le sien.

La litière s'arrêta, car Berthe s'était précipitée à sa rencontre. Un homme en descendit; cet homme était le prieur. Les cheveux blancs de ce fils de l'Eglise tombaient en boucles naturelles autour de son visage rempli de spiritualisme; son teint vermeil et son front serein dénotaient l'absence totale des passions tumultueuses de la vie humaine; ses yeux, vifs et brillants, renfermaient une double expression de bonté vraie et d'énergie vigoureuse qu'il eût été difficile d'oublier. Évidemment, ce disciple de Dieu avait dû employer sa vie entière à soutenir le faible, à protéger l'infortuné, à encourager la vertu, à combattre le vice; et à en juger par le pli qui sillonnait sa lèvre, et qui dénotait la trace irrécusable d'un franc et habituel sourire, on voyait que la charité la mieux comprise et la plus naturelle, celle qui s'épanche librement et sans fard, avait toujours fait rayonner son âme.

Après qu'il eut joyeusement embrassé Berthe et

cordialement serré la main de Raoul, il se prit à regarder les deux enfants, puis élevant les mains par gradations et à petits mouvements :

— Ah ! comme elles grandissent richement ces deux plantes que j'ai vues croître. Voyez donc, l'une m'a déjà dépassé, et l'autre....

— Elles sont toutes les deux battues par un vent de mauvais augure, Messire, ces plantes que vous avez vues croître, interrompit Berthe de son ton câlin et boudeur, et si vous ne venez les abriter....

— Eh bien ! chère et belle fleur !

— Eh bien ! elles seront brisées impitoyablement. Aussi faut-il que vous soyez resté si longtemps loin du manoir.

— Oh ! oh ! exclama le prieur en ne perdant rien de son calme ni de son air serein.

— D'abord, reprit Berthe en faisant la despote devant le bon pasteur, vous laissez mourir une pauvre jeune fille sans venir l'assister de vos consolations, c'est mal.

— Grand Dieu ! s'écria le prieur vivement affecté, se pourrait-il qu'une des enfants de la contrée en soit à cette extrémité ?....

— Ensuite, reprit Berthe, vous ne vous occupez pas de nos intérêts communs, vous nous abandonnez au caprice des flots sans venir de temps en temps jeter l'aviron pour guider notre nacelle; oh! c'est très-mal.

— Je l'avoue, mon gentil cœur, c'est mal, c'est très-mal; mais je compte toujours sur l'assistance de messire l'évêque de Lillebonne, qui me remplace vers vous, mon enfant, au delà de toute attente. Et puisque me voilà, reprit l'abbé, votre indulgence ne doit pas faire défaut. Voyons, de quoi s'agit-il?

— Il s'agit de voir Gertrude; car c'est elle qui est malade, elle que vous appeliez naguère la perle de nos vassales, à cause de son front si pur et de son cœur si bon.

— Allons, allons, quittons cet air fâché, ce ton méchant; laissons là les reproches. Faut-il vous le dire, ma charmante indocile, je me suis fait pauvre depuis que le baron, votre père, ne m'a possédé au manoir; cinq familles de Harfleur se sont disputées le peu que je possédais. Pour elles, je fus obligé de vendre tout, jusqu'à ma litière, que ce gentil baron de Fescam vient de me racheter pour ma fête. Oh! j'ai connu bien des douleurs depuis que je ne suis venu à Tancarville, j'ai essuyé bien des larmes. Dieu aidant, j'ai apaisé bien des soupirs, et à présent que la joie brille par là-bas, je reviens auprès de ma cruelle suzeraine m'affaisser sous son joug le plus tyrannique.

Et le bon vieillard, qui n'oubliait jamais sa joyeuse humeur, enlaça les mains de Berthe et de Raoul, et les élevant doucement, feignit de vouloir passer, à la manière des vaincus des Romains, sous cette nouvelle pique de sujétion.

— Vous me traitez toujours en enfant, exclama Berthe en lâchant la main de Raoul pour se jeter follement dans les bras du bon pasteur, qui empiéta sur les caresses paternelles pour en combler la fille du baron de Rouergue.

— Non pas, reprit le vieillard, je vous traite en souveraine des temps antiques, et j'allais renouveler....

— Messire le prieur de Fescam ! ! ! exclamèrent tout à coup six voix argentines.

Et six enfants vinrent se jeter pêle-mêle dans les jambes du bon patriarche.

— Eh bien, dit-il en leur distribuant une part égale de baisers, et la cousine Gertrude ?

— Oh ! elle a été bien malade, s'écria Brunette qui possédait à elle seule les deux mains du prieur ; mais, grâce à un bon proscrit, qui a passé par ici hier au soir pour la guérir et pour donner une dot à mon frère, elle se porte à ravir.

A ces mots, Raoul et Berthe, se serrant l'un contre l'autre par un mouvement réciproque et spontané, se sentirent trembler. Et le prieur sourit malicieusement ; puis jouant avec la chevelure bouclée de Brunette, il dit :

— Ce bon proscrit est un habile médecin, puisqu'il s'adresse au cœur avant de consulter le pouls.

— N'allons-nous pas nous rendre auprès de Gertrude, Messire, demanda Berthe avec une légère marque d'impatience.

— Immédiatement, ma charmante, et ces gentils enfants vont reprendre leur ronde. — Allons :

Et le bon pasteur, frappant légèrement dans ses mains, donna le signal d'une danse pour laquelle les jeunes gars ne se firent pas prier ; puis battant la mesure avec son pied, il chanta lui-même un refrain. Bientôt après, il se retourna vers Berthe et Raoul, et s'appuyant sur les épaules des deux tendres enfants, ils gagnèrent ainsi les abords de la maison de Gertrude.

A quelque distance du rivage, dans un enfoncement pittoresque, se trouvait une maisonnette entourée de vieux saules aux troncs tordus ; çà et là de sauvages plantations étaient éparses. C'est dans cette habitation rustique et bien ombragée que demeurait la sœur de dame Corantin et sa famille. Le prieur, ainsi que Berthe et Raoul, approchèrent en silence, et comme ils étaient sur le point d'entrer, soudain ils entendirent un bruit de voix qui ressemblait à celui des flots en furie lorsque la tempête, redoublant ses ravages, agite l'Océan irrité; l'abbé s'arrêta discrètement, les enfants en firent autant.

— Eh! qu'importe, murmurait une voix que la colère rendait incohérente; cet argent te vient du diable ou de l'ombre d'un mort, je t'ordonne de n'y point toucher et d'attendre que cette ombre, qui l'a volée à Satan, te la vienne redemander. Crois-tu, malheureuse, que de tels auspices sauraient me faire agréer ton cousin pour gendre. Non, certes; tu épouseras celui que je te destine, et il ne sera pas dit qu'un malin esprit se soit mêlé des fiançailles de mon enfant.

— Bien dit, père Corantin, reprit une autre voix doucereuse et pateline; hâtez-vous même de vous débarrasser de cet argent maudit, en le jetant dans le ravin d'Orcher; car c'est l'ombre de Jacques Lyndai, mort sans les secours de la religion, qui l'a apporté ici pour tenter votre fille. Oh! lorsqu'une ombre se promène ainsi dans une contrée, il faut s'attendre au sabbat et à toutes les impitoyables sorcelleries de l'enfer. Malheur! malheur! il va se passer de vilaines choses à Tancarville, si on ne purge la baronnie de cette apparition diabolique, en aspergeant d'eau bénite les endroits où elle a paru se reposer, et en répétant des prières.

A ces paroles, prononcées par la voix qu'on reconnut aisément pour celle de Berneval, Raoul était demeuré pâle, atterré. Néanmoins, l'enfant, dont le courage ne faisait jamais défaut, rappela tout le calme nécessaire dans une pareille circonstance, et prenant la main du prieur ;

— Que disent-ils, Messire? Ils parlent de l'ombre de mon père. Quoi, ce bon proscrit dont a parlé Brunette tout à l'heure serait.... Mais, qu'est-ce donc qui se passe ici?...

— Cet homme, cet étranger que tu as vu la nuit dernière, près de la poterne, et qui a refusé d'entrer ce matin au château, exclama Berthe en s'adressant à l'apprenti, serait-ce lui qu'on prend ici pour une ombre? Oh! Raoul, rappelle-toi l'étrange impression qu'il a produite sur nous.... et comme il m'a regardée en me parlant de la baronne. Il faut qu'il l'ait connue... Mais, pourquoi avait-il tant d'amertume au cœur et de fiel sur les lèvres?

— Serait-ce donc mon père, demanda le jeune artisan en regardant le ciel avec des yeux baignés de larmes? l'aurais-je vu sans le connaître, sans que mon cœur me révélât son nom? Messire, au nom du ciel, que faut-il que je fasse? courir sur la route de Lillebonne, n'est-ce pas; car, en nous quittant, il a pris la route de Lillebonne.

— Il faut rester ici et écouter, mes charmants, répondit le prieur en retenant par le bras les deux enfants qui tremblaient d'émotion. Comprenez-vous, ajouta-t-il en les regardant avec son visage toujours radieux, il faut *écouter*, vous rendre coupables de ce mignon péché. Les enfants demeurèrent immobiles et prêtèrent l'oreille.

— Mais, mon père, objecta une autre voix, celle de Gertrude, ce n'est pas une ombre de mort qui est venue hier au soir m'encourager à vivre; c'est un homme dont le corps robuste et le visage plein d'énergie annonçaient la vie dans toute sa vigueur.

— Raison de plus, reprit la voix de Berneval, pour croire au malin et rejeter ce qu'il a apporté, car il a pris une apparence humaine pour vous mieux tenter.

— Cet homme a prié Dieu, exclama Gertrude.

— Une âme en peine réclame et fait des prières.

— Sa main a pressé la mienne, continua la jeune fille, elle n'était ni froide comme celle d'un trépassé, ni brûlante comme celle d'un damné.

— Je te dis que c'est la main de l'ombre de Jacques, vociféra le père Corantin, puisque le revenant a passé aux abords du manoir, et que tous les serviteurs de Rouergue se sont agenouillés à son passage.

— L'état de maladie dans lequel vous étiez plongée hier au soir, ma cher Gertrude, reprit hypocritement Berneval, le délire peut-être qui brûlait votre cerveau, vous a fait prendre au réel cette vision; et lorsque l'ombre a frôlé votre couche pour y déposer cet argent maudit, il vous a semblé que sa main avait effleuré la vôtre.

— C'en est trop! murmura tout à coup le prieur en soulevant, avec une sainte colère, le marteau de la porte vermoulue contre laquelle il était appuyé, et en entrant dans la salle où la famille de Gertrude était rassemblée.

Berneval qui avait vu de loin Raoul et Berthe s'emparer du bon pasteur, s'était imaginé qu'ils n'entreraient point dans la maison de Gertrude, et il avait pris pour une bonne aubaine un miracle divin, la venue de cet homme qui, selon lui, allait ramener au château les deux enfants sans qu'ils eussent eu le temps d'apprendre la nouvelle qui circulait déjà dans une partie de la contrée. Aussi, avait-il profité de cet incident pour achever de convaincre le père Corantin, et le soutenir dans sa croyance à l'apparition d'une ombre de malheur que sans lui les autres eussent été capables de prendre pour le Jacques Lyndai réel. Grand fut son désappointement, plus grande encore fut sa terreur, lorsqu'il vit s'avancer vers lui un homme dont l'exquise raison, le jugement sain, le sens droit et dépouillé de toute nuance superstitieuse, devait le confondre lui et ses grossiers principes.

Gertrude et son fiancé voulurent se prosterner devant le prieur; mais l'humble pasteur allant droit à eux, leur dit en leur désignant le ciel :

— On ne s'agenouille que devant Dieu, mes enfants.

— Et devant ceux qui font le bien, riposta la jeune fille émue, en se relevant avec soumission et en s'approchant du vénérable ecclésiastique.

— Ceux qui font le bien ne font que leur devoir, ma fille; ceux-là méritent seulement qu'on les écoute, parce que leur parole douce, sage, toute de sentiments, vivifie les cœurs.

— Tu l'entends, Gertrude, s'écria Godefroy son fiancé, tu ne dois questionner et entendre que messire le prieur.

L'homme de Dieu sourit à la chaleureuse animation avec laquelle le jeune homme avait prononcé ces mots.

— Si mes lumières peuvent vous éclairer, mes enfants, je ne demande qu'à les répandre ici.

Ah! Messire, s'écria le père Corantin, vous arrivez à Tancarville dans un bien étrange moment; depuis hier au soir, la consternation règne au château, une ombre en peine, celle d'un damné, reprit-il, voltige autour du pauvre manoir et va lui jeter un sort. Et ma fille, déjà ensorcelée par ce fantôme, veut épouser son cousin, un gueux, un maraud.....

— Paix! reprit doucement le prieur. Pourquoi votre fille n'épouserait-elle pas Godefroy ?

— Parce qu'il n'a pas une livre comptant.

— Il a des qualités essentielles.

— Je n'en disconviens pas, Messire, mais je ne veux pas que Gertrude s'occupe de lui.

— Cela se peut-il? exclama l'homme de Dieu, en haussant les épaules. Gertrude peut-elle faire autrement que d'admirer les bons et sages principes de l'enfant avec lequel elle a été élevée. Et quand ils s'aimeraient un peu, où est le mal?

— Je voudrais bien voir que mon enfant aimât un homme qui n'a rien. Et le ménage, comment irait-il?

— C'est là votre seule raison, bon homme.

— Oui-dà, Messire.

Mais puisque l'on a obvié à cet obstacle.

— Oh! Messire, pouvez-vous parler ainsi? Vous ne savez donc pas que la dot que possède Godefroy, c'est cette ombre maudite qui la lui a fait tenir. Votre exorcisme, Messire, continua le père Corantin en s'inclinant jusqu'à terre, votre exorcisme pour chasser le démon qui a pénétré ici; votre exorcisme pour purifier les cœurs qui se sont livrés à lui.

— Ces deux jeunes cœurs sont toujours purs comme l'azur du ciel et dignes de Dieu, exclama le prieur en regardant Gertrude et Godefroy avec un bienveillant sourire; et la dot qui leur a été donnée par un bienfaisant apôtre de l'humanité, ne saura que fructifier entre leurs mains. Vous n'aurez pas le courage de prononcer l'arrêt qui devra les séparer à jamais.

— Messire, reprit le père Corantin, en s'humiliant toujours avec respect, j'ai sans cesse été plein de vénération et de reconnaissance pour vous, mais je demande à gouverner mon enfant moi-même. Vous n'avez pas vu l'ombre, vous ne pouvez y croire.

— Je l'ai vue, moi, s'écria Raoul, qui jusqu'alors avait étouffé ses soupirs et ses larmes; je l'ai vue comme je vous vois tous, je lui ai parlé. Et par l'âme de ma mère! c'était un homme et non pas, comme vous le prétendez, un fantôme.

— Je l'ai vue aussi, moi, poursuivit Berthe qui disait et pensait toujours comme Raoul, je lui ai parlé aussi. Et par l'âme de la baronne de Rouergue, dont il m'a entretenue, je jure que cet homme était bien réellement une créature de Dieu, et non pas un revenant que vos faibles imaginations seules sont capables d'enfanter.

Le prieur s'aperçut qu'on s'écartait de la fille du baron à mesure qu'elle parlait; et comme il savait qu'on lui avait jeté l'anathème à cause du libéralisme de sa conscience, il prit la parole.

— Une ombre parle-t-elle, mes amis? Non. Les ombres des morts apparaissent dans les rêves, c'est le souvenir qui les reproduit à l'imagination; mais celle que vous avez cru voir hier, et qui a parlé à quelques-uns d'entre vous, ne peut être qu'un homme que vous avez cru mort, un malheureux proscrit, revenant, après bien des souffrances et des larmes, du pays de l'exil.

— Au fait! interrompit la sœur de dame Corantin, ce peut bien être Jacques Lyndai en personne.

Ce mot fit tressaillir Raoul, mais l'enfant s'obstinait dans son calme apparent; il demeura triste et pensif.

— Pourquoi alors, si c'est Jacques-Lyndai lui-même, argumenta Berneval qui se posa en censeur devant l'assemblée, pourquoi a-t-il passé devant le manoir sans y entrer; pourquoi a-t-il parlé à Raoul sans l'embrasser; pourquoi a-t-il parlé de la baronne de Tancarville sans se faire connaître?

— Ah! oui, exclama le père Corantin, et pourquoi a-t-il vidé sa bourse dans les mains de ma fille, et s'est-il sauvé après comme un damné.

Ici chacun garda le silence.

L'on n'entendit plus que les voix argentines et sonores des six enfants qui, s'étant rapprochés de la maison, dansaient toujours en rond, chantant alors :

> **Car mieux vaut le péril**
> **Au son de nos fanfares,**
> **Que chez tous ces barbares**
> **Un seul instant d'exil.**

— Qu'est-ce que ce refrain, demanda le prieur.

— Celui du bon proscrit, répondit Gertrude.

— Vous voyez bien, mes enfants, que celui qui vous a appris ce chant ne doit pas vous effrayer. Allons, tout ceci aura un éclaircissement. En attendant, voulez-vous, père Corantin, accorder votre fille à Godefroy? C'est moi qui vous la demande pour lui, c'est moi qui vous réponds du bonheur de ces enfants. Ah! croyez-moi, il ne faut pas ainsi farcir votre esprit de vaines chimères qui ne font qu'altérer les devoirs et la raison, et qui ébranlent la vertu du cœur. Laissez loin de vous Satan avec ses sorcelleries, son sabbat et ses revenants d'outre-tombe; ce ne sont là que des contes dont votre mère-grand vous entretint dans votre enfance, et qui ont pris, par la suite, dans vos pensées d'homme fait, un caractère sérieux. Un véritable apôtre de l'humanité a trouvé le moyen de guérir votre fille; il a vu, dans sa sage expérience, que le cœur seul de cette pauvre petite était malade, et il lui a donné l'unique remède qui pouvait l'alléger. Faut-il ainsi outrager la mémoire de cet humanitaire et bienfaisant soldat en le méconnaissant à ce point; faut-il oublier ainsi la reconnaissance que vous lui devez? Ne savez-vous pas, mon ami, que l'ingratitude est aux yeux de Dieu la plus hideuse des difformités de l'âme?

Le père Corantin, convaincu par cette éloquente logique, devint rêveur et silencieux; enfin, il se jeta dans les bras du prieur, et dit en appuyant sa tête grise sur l'épaule du vieillard :

— Oui, vous parlez avec sagesse, je dois vous obéir, je vous obéirai.

— Vous me le promettez, fit l'ecclésiastique en lui serrant cordialement la main.

— Foi de Corantin, Messire.

— Allons, c'est bien. Godefroy et Gertrude seront heureux, mes pas ici n'auront pas été perdus.

Il y avait alors comme une auréole autour du front de ce digne patriarche, tant il éprouvait de bonheur en exécutant sa sainte et touchante mission.

La salle où l'on était réuni, éclairée par une seule petite fenêtre, dont les carreaux poudreux interceptaient le grand jour, jouissait d'un sombre si profond dans ses angles, qu'au plus fort de la discussion, on n'aperçut point une femme se glisser derrière un bahut séculaire où elle demeura immobile, inanimée.

Le prieur, toujours appuyé sur Berthe de Tancarville, sortit triomphant. Le père Corantin se rapprocha de sa fille qu'il dédommagea, par ses caresses, de la peine qu'il lui avait causée, et Berneval, qui avait besoin de savoir à quoi s'en tenir vis-à-vis de Raoul, lui dit :

— Petit, je t'invite à te rendre aujourd'hui même à Rouen.

— Pourquoi faire, maître? demanda machinalement l'apprenti, dont l'esprit était ailleurs que dans la capitale du conquérant.

— Pour entreprendre ta rosace, s'il plaît à Dieu, et avec l'aide du grand saint François, mon patron.

— C'est juste, exclama Raoul en sortant de sa léthargie et en croisant ses mains avec passion. Ma rosace que j'oubliais ! O mon ciseau, puisses-tu m'être propice, et doter Saint-Ouen d'un ouvrage assez digne pour que les regards de ma gracieuse souveraine daignent s'y arrêter !

Maître Berneval, satisfait de l'insouciance apparente du jeune artisan, pirouetta sur lui-même et fit mine de vouloir sortir; pourtant il se ravisa et s'adressant toujours à Raoul avec un soulagement évident :

— Tu dis donc, petit, que tu vas me suivre à l'instant.

— Je ne parle pas de cela, maître; je dis au contraire que je veux passer ici la journée et ne quitter que ce soir le château.

— A bien réfléchir, je ne vois pas d'empêchement à cela, mon gars; quant à moi, je prends les devants.

— La paix soit avec vous, maître :

— Et avec toi, mon fils.

Et tandis que l'architecte reprenait plus gaiement la route de sa maison, la femme mystérieuse sortait de sa cachette; et, le suivant d'un regard narquois et vainqueur, elle ajouta en branlant la tête :

— Je te le disais bien, maître architecte, lorsque tu es venu nous avertir que l'ombre allait passer autour du manoir, je te le disais bien que j'avais dansé aux noces de ce revenant-là, et que je n'avais pas vu le cierge avant d'apprendre sa mort. Il est revenu, et tu ne nous feras plus croire qu'il est trépassé.

— Que dit la vieille Marthe, s'écria Raoul, en cherchant à rappeler son souvenir. Ah! c'est juste... elle me parla ainsi hier au soir... mais je ne la compris point. De grâce, dame, ajouta le jeune apprenti en évoquant l'attention de la vieille, parlez-moi nettement et franchement. Maître Berneval qui n'a jamais connu mon père, vous a donc averti d'avance que son ombre devait passer devant le manoir?

— Chut!! fit la vieille avec défiance.

— Parlez, oh! parlez.

Dame Marthe fit un signe affirmatif.

— Il y a là-dessous un horrible mystère, s'écria l'enfant en laissant tomber sa tête appesantie dans ses mains.

— Au fait, s'écria le père Corantin, si maître Berneval n'était pas venu d'avance nous mettre la mort dans l'âme en nous faisant répéter des *de profundis*, tandis que le... revenant longeait les grands fossés du château, peut-être bien que nous n'aurions pas été si effrayés à son passage, et que nous aurions osé le regarder en face. Mais après tout, pourquoi le bonhomme n'a-t-il pas frappé à la vieille porte du manoir? Personne ne l'aurait repoussé, puisque le baron le pleure encore et que nous l'aimons tous autant que notre bon seigneur.

— Maître Berneval a eu peur de Jacques, exclama dame Marthe qui était retournée dans son coin obscur où elle avait attrapé un rouet dont elle tournait déjà le manche; voilà pourquoi il nous a fait faire des prières. Mais je vous le disais bien, je n'avais pas vu le cierge.

—Peur!!! s'écria Raoul, pâle d'émotion; peur!!!

reprit-il. Et une étrange idée lui traversa l'esprit. Vous avez dit vrai, dame Marthe : vos paroles ne sont jamais que des prophéties, donc il faut y croire. C'est parce que mon père a fait peur à l'architecte, qu'il n'est pas entré au manoir, n'est-ce pas, dame?

— J'ai bercé le baron, radota la vieille nourrice en débrouillant son chanvre et en poussant un strident éclat de rire qui glaça l'auditoire ; j'ai dansé aux noces du bon seigneur et à celles de Jacques Lyndai, son meilleur ami ; je serais bien contente de les voir s'embrasser avant de mourir... mais je ne sais s'il en sera ainsi ; car du donjon où est l'aigle blanc du baron de Rouergue, et où j'étais hier, j'ai vu Jacques s'arrêter avec le diable, au bas de la falaise, hé! hé! hé! hé!

Puis la vieille Marthe s'agita sur son siége en continuant son rire sec et saccadé.

— Qu'est-ce que le diable avec qui il était, dame? demanda Raoul.

— Chut!... fit la septuagénaire. Puis elle continua de sa voix chevrotante et cassée : Le diable qui lui a interdit l'entrée du vieux manoir, entends-tu, mon beau gars. J'ai vu cela du haut de la tour où est l'aigle blanc du baron de Rouergue. Et, quand je suis redescendue dans les cuisines, j'ai trouvé maître Berneval qui annonçait aux gens de Tancarville que l'ombre, pour laquelle je n'ai pas vu le cierge, allait passer... hé! hé! hé! hé!... Alors, les filles ont pris leurs chapelets, les hommes ont ôté leurs bonnets de laine, et tandis que Jacques passait, toujours beau comme autrefois, on a répété l'hymne latine... mais moi je l'ai regardé, le vassal du baron... hé! hé! hé! hé! je l'ai regardé au lieu de chanter le *de profundis*.

La famille Corantin demeura interdite et immobile, et fut quelque temps à secouer l'impression causée par cet étrange incident. Enfin, Raoul, pâle et frémissant, fit un brusque mouvement, et, s'arrachant de ce sombre logis, il sortit précipitamment en se disant au milieu de sanglots entrecoupés :

Berneval! toujours Berneval! je comprends tout à présent : il a craint une révélation; il a craint la rentrée de mon père au manoir, il a vu son plan d'avenir pour son enfant déjoué à jamais, et il a éloigné du château le pauvre et infortuné proscrit en lui débitant, peut-être, quelques monstruosités; le misérable! oh! comment combattre un si puissant ennemi?... Avouer tout au baron? — Non, je passerais pour un insensé. Courir me jeter aux pieds de Louis le Dauphin? — Non, il me repousserait, car je n'ai pas de preuves, moi, et de plus, je suis obscur, ignoré et seul sur terre, tandis que mon adversaire est le maître des hautes œuvres de maçonnerie du roi notre sire.. Est-ce que je puis élever la voix contre lui? les princes protégent toujours les grands. Que faire, mon Dieu, que faire? O mon père! où donc as-tu porté tes pas?

L'enfant s'assit sur une pierre et pleura. Bientôt son désespoir cessa; son beau visage s'anima comme sous une inspiration subite. La résolution éclata dans son regard martial; et, dégageant son vaste front, en relevant de sa main fébrile sa chevelure qui y flottait en désordre, il s'écria avec transport?

Eh bien! mon art m'aidera à retrouver ses traces, mon art m'aidera aussi à assurer à Berthe son droit légitime d'héritière et de fille du baron, car mon art m'attirera la protection de la reine qui aime la sculpture; et, une fois son protégé, je serai puissant moi!!... Que mon amour filial se confonde donc en mon cœur avec l'adoration pour l'art!... que la reconnaissance que je dois à ma douce et jeune bienfaitrice soit donc le talisman merveilleux inspirateur de mon génie. Mon talent va grandir, car de lui résultera le bonheur et la paix que je cherche. Mon œuvre va être mon culte, mon Eden, ma terre promise.

Et le jeune travailleur tirant de dessous son justaucorps sa tablette de cire, contempla son plan qu'il avait tracé la nuit dernière d'après le canevas de Berthe ; il le contempla avec une émotion suave, une ample félicité.

Une brise légère commençait à tempérer la chaleur du jour ; les petites vagues de la Seine miroitaient au soleil ; les arbres touffus secouaient amoureusement leurs chevelures de feuillage ; les fleurs s'épanouissaient dans les buissons ; le papillon leste et joyeux montait au ciel, et les petits oiseaux soupiraient dans leurs nids de mousse. Tout était beau dans la nature : l'âme de Raoul se mariait à ce tendre concert ; ses regards enchantés brillaient d'espérance en savourant les œuvres de Dieu : son cerveau s'épanouissait ; l'air embaumé l'enivrait. Son père, lui-même, qu'il se retraçait, semblait l'encourager ; et la gracieuse image de Berthe, qui se dressait vaporeuse et sublime devant lui, paraissait lui sourire.

O ma rosace ! s'écria-t-il encore, toi seule seras mon bon génie, mon auréole, ma radieuse étoile ; ô mon art ! que j'aime avec tant de passion, inspire ton disciple, guide sa main encore novice, trace-lui des merveilles. Tous mes efforts ne seront pas infructueux ; je sens que je saisirai avec frénésie tous ces beaux, dégagés et féeriques ornements qui flottent devant ma pensée comme des images infinies et fantastiques ; je sens que mon marteau brisera la pierre avec une dextérité inconnue jusqu'alors; non, mon travail ne sera plus si lourd, si grossier ni si trivial; mes branches et mes ornements seront gracieux et sveltes comme celle qui me les inspire. Il me semble déjà que je suis transporté dans une atmosphère enivrante de lumière, où je vois, toutes tracées, l'élégance et la souplesse que je dois adopter; il me semble que mon âme n'a plus qu'à refléter mille détails impossibles pour un autre, et qui, pour moi, se multiplient sous toutes les formes. Oui, le bon goût et la richesse du style de ma sculpture donneront à la pierre tant d'expression et la rendront si aérienne et si séduisante, que ma souveraine y reposera ses beaux yeux ou plutôt les égarera dans ces détours innombrables et dans ces compartiments mystérieux, dont les vitraux, colorés par moi, s'embraseront au soleil de mille feux étincelants. Puisse alors Marie d'Anjou, éblouie par le reflet de ce flambeau magique, demander à voir le pauvre enfant auteur de ce chef-d'œuvre!!!

CHAPITRE XI.

—

Un Madrigal à la Reine.

« Et toi, ajouta Clémence, en se penchant sur l'humble fleur qui parait la tombe inconnue, douce fleur de pensée, emblème de souvenir et de constance, deviens la fleur des troubadours! Celui qui mieux aura chanté la vaillance ou l'amour fidèle, recevra dès mains d'Isaure une violette d'or. »

(Pauline Flaugergnes.)

Ce n'était plus alors l'époque de la France, où la société démembrée se formait en une multitude de petites réunions bizarres, obscures, isolées, incohérentes, c'était celle plus étrange encore où la société, partagée en deux classes distinctes, avait ses *seigneurs*, gouvernant leurs terres d'une manière absolue, et ses *serfs* asservis sous le joug des seigneurs. Charles Martel avait doté notre pays de ce système féodal en créant des vassaux, c'est-à-dire, des *bénéficiaires* ou titrés tenus de lui garder fidélité, en faisant le service militaire ; et un autre Charles, aussi pauvre d'esprit que de cheveux (1), avait trouvé plaisant de s'attacher plus fortement les grands de son royaume, en rendant héréditaires ces dignités alors nommées *fiefs*, de telle sorte que sous cette ombre de roi, la féodalité était devenue une chaîne d'obligations, dont les anneaux allaient toujours en rapetissant depuis le souverain jusqu'au moindre de ses sujets. Alors, il y eut trois classes de terres dans notre pauvre France, les *terres nobles*, c'est-à-dire, les fiefs ou terres titrées, telles que celles de l'ancien duché d'Orcher et celles de la baronnie de Tancarville; les *rotures*, c'est-à-dire, les terres relevantes des fiefs et appartenant à des roturiers, sujets des seigneurs, et soumis à la féodalité, telles que l'entourage de la maison de Gertrude possédé par la sœur de dame Corantin ; enfin, les *alleux* (il y en avait bien peu de cette espèce), c'est-à-dire, les terres non soumises à la féodalité, telles que celles que possédait maître Berneval.

(1) Charles-le-Chauve.

On le voit, l'asservissement du peuple était la cause majeure qui soutenait la féodalité, donnant beau jeu au despotisme des seigneurs, lesquels sentaient toujours leurs forces égales pour fort mal gouverner le pays, et s'arrogeaient le droit d'établir, chacun en son fief, une sorte de justice contre laquelle aucune puissance supérieure, voire même celle du roi, n'eût eu le droit de réviser. Et puis, ces milliers de petits souverains avaient leurs guerres, leur gouvernement, leurs lois, leur monnaie, car ils firent tous battre monnaie à leurs effigies jusqu'à Philippe-le-Bel qui détruisit cet abus en faisant cesser aussi leurs querelles perpétuelles.

Tel était à peu près, sauf les réformes établies par Philippe-le-Bel, l'état de la nation à l'époque qui nous occupe.

Beau à ravir les anges, un jeune cavalier, la dague au poing et le mantel sur l'épaule, s'en allait doucement, escorté d'un simple écuyer le long du rivage de la Bolbec; il était alors au pied d'un coteau rapide et à l'extrémité d'un vallon boisé : il sortait de Lillebonne. Arrivé en un endroit pittoresque et sauvage, il s'arrêta, car il avait aperçu un homme qui venait à lui sans le voir, et dont le front, chargé de soucis, s'inclinait vers la terre, comme le hêtre orgueilleux, brisé par la tempête, s'affaisse humilié vers le sol.

Hó, par Dieu! c'est maître Berneval, si je ne me trompe, s'écria le jeune cavalier en enfonçant brusquement, sur ses yeux, son chapeau à ganses de rubis et à longue plume rare, et en regardant fièrement le grave et morne penseur.

A cette brève interpellation, celui-ci sentit tressauter son cœur, fit un gauche mouvement, et, s'inclinant plus gauchement encore, il essaya de bégayer quelques mots dont l'embarras et le désordre firent sourire le jeune cavalier qui était ce jour-là de fort belle humeur.

— Par le hardi Dunois, le bouillant Saintrailles, l'intrépide Lahire, et tous les plus vaillants capitaines de notre armée, je crois décidément, maître architecte, que vous redoutez ma présence.

— Monseigneur!! au nom du roi, notre sire, dont je suis le *maistre maçon* très-dévoué, je vous supplie de chasser de votre esprit royal....

— Comment se porte mon protégé, interrompit le jeune cavalier d'un air hautain.

— Comme un vassal sur lequel sa seigneurie a daigné jeter les yeux, mon prince.

Ah! ah! fait-il merveille, et son ouvrage avance-t-il?

— Dans quelques jours, Monseigneur, l'échaffaudage qui obstrue la croisée le Bénédictin, sera enlevé, et nos rosaces seront livrées....

— Hâtez-vous, maître, hâtez-vous, car si cet ouvrage est digne de vous, la reine saura vous en glorifier dans la personne de votre apprenti.

— C'est trop d'honneur, Monseigneur.

— Qui vous appelle à Lillebonne, dans un instant où votre présence en la grande église de Rouen est si nécessaire?

— Mais... prince... je... j'allais...

— Vous alliez?...

— Je..... je retournais..... non..... je me rends...

— Ma question vous embarrasse, maître.

Et Louis le Dauphin, qu'on a déjà reconnu, fixa sur le visage bouleversé de Berneval ses yeux qui s'étaient faits sévères.

— C'est que... Monseigneur... je profitais... pour... d'un instant de trève... oui, c'est cela, d'un instant de trève... j'en profitais pour...

L'architecte qui ne pouvait pas voir le prince sans se rappeler son cauchemar révélateur d'une nuit passée dans son salon vert, s'embrouilla complétement et perdit contenance. Louis, devenu tout à fait hautain et railleur, observa longtemps l'artisan sans mot dire; alors ce silence et le regard scrutateur qui l'accompagnait, achevant de déconcerter Berneval, il pâlit et trembla.

— Seriez-vous par hasard, en quête d'un nouvel

apprenti, reprit le prince avec raillerie; ou votre atelier réclamerait-il quelque nouveau commensal qui vous fait défaut?

— Non, Monseigneur, répondit l'artisan en frissonnant de la tête aux pieds.

Ce mouvement fiévreux révéla au prince qu'il avait frappé juste. Trop soupçonneux pour ne pas voir dans cette constante agitation un indice certain sur le mystère qu'il cherchait à percer, il insista.

— Si fait, maître, il vous manque quelqu'un.

— Je puis affirmer à votre seigneurie.....

— Quelqu'un qui devait être à Rouen depuis longtemps, et que vous retournez chercher à Tancarville, peut-être.

A cette observation Berneval demeura froid et immobile comme un trépassé. Il cherchait Jacques Lyndai, qu'il avait vainement attendu à Rouen, et que Jérémie n'avait aperçu ni en ombre ni en personne, et comme il craignait que l'ancien ami du baron ne fût retourné au château, il s'était esquivé de Rouen pour s'en convaincre.

— Si c'est de Raoul que Monseigneur veut parler, reprit l'architecte, je puis lui affirmer que l'enfant est à Rouen, et qu'il ne mérite en rien la colère de sa seigneurie.

— Raoul vous est cher, maître architecte, demanda le dauphin qui s'adressait plutôt à la physionomie qu'au banal esprit de cet homme.

— Oui, Monseigneur.

— Eh bien! il faut que vous m'aidiez dans une circonstance qui se montre bienheureuse pour lui.

— Monseigneur sait que je suis tout à ses ordres.

— Son père est vivant, on me l'a dit.

— On vous a trompé, mon prince, on vous a trompé, s'empressa d'exclamer Berneval qui n'avait plus de sang dans les veines.

— Trompé; croyez-vous donc, cher maître, qu'on me trompe si facilement, moi? Aux félons suzerains seuls, le droit de se laisser duper.

— Que votre seigneurie daigne me permettre de lui affirmer que ceci est un faux bruit qui court à Tancarville, et dont il est de mon devoir de vous dissuader.

— La partie s'échauffe, pensa Louis de Valois, ce rustre s'obstine au jeu : à lui donc le roi, mais à moi cinq atous. — Et qui a fait naître ce faux bruit, demanda-t-il?

— Son ombre qui a passé aux abords du grand fossé du manoir, son âme en peine.

— Vous l'avez vue, maître, demanda Louis, le sarcasme sur les lèvres et l'ironie dans le ton.

— Comme je vois votre seigneurie.

— Vous lui avez parlé?

Ici, l'artisan leva la tête et regardant le prince avec épouvante, sentit son regard le brûler.

— Maître Berneval, ajouta le dauphin avec une indicible expression de finesse et de pénétration, je vous donne un fief et des vassaux, si vous amenez devant moi le brave Lyndai qui se défendit comme un lion au fameux combat de Caudebec, qui fut ensuite emmené prisonnier sur la terre d'exil par une horde anglaise, et qui est revenu récemment au doux pays de France. Un fief, entendez-vous bien, Messire, avec titre et blason; un fief dans lequel votre famille exercera sa justice comme elle l'entendra; un fief plus puissant que tous ceux du baron de Tancarville, car ce sera un marquisat, maître architecte un marquisat héréditaire sur vos descendants.

— A propos, êtes-vous père? ajouta le prince qui avait compris que l'ambition était le mobile de cet homme, quoiqu'il n'eût rien exprimé.

— Oui.... non.... oui, Monseigneur, répondit Berneval en s'agenouillant, car ses jambes fléchissaient ne le pouvant plus soutenir.

— Lequel des deux?

— Je suis père, Seigneur, répondit le malheureux que l'ambition, habilement inspirée par Louis, perdait visiblement.

— De quoi?

— D'une fille.

— Ah ! ah !....

— Je veux la voir, quel âge a-t-elle ?

— Douze ans.

— Douze ans, répéta Louis en jetant, à cet aveu inconsidéré, un regard scrutateur sur l'architecte qui, toujours agenouillé, tenait ses yeux baissés sans comprendre où le prince en voulait venir. Mais.... n'y a-t-il pas aussi douze ans que vous êtes à Tancarville?.... L'architecte répondit affirmativement.

Il se fit un instant de silence pendant lequel le fils de Charles VII rappela toute sa présence d'esprit. Puis il amena sur le bord de ses lèvres un fin sourire qui flotta comme un capricieux nuage d'or; il chassa de ses yeux tout à l'heure si cruellement sévères et menaçants, leur expression farouche, et les rendit doux et bienveillants; puis il éclaircit son front qui devint pur et radieux comme celui d'une candide jeune fille; et alors.....

Alors Louis le Dauphin dissimula :

— Relevez-vous, maître, car bientôt vous serez un des grands vassaux du roi mon père; bientôt vous rivaliserez, pour la force, avec ces hauts seigneurs dont le noble despotisme écrase le peuple avec tant de fierté. Ah! ah! la féodalité atteint chaque jour une haute extension ! Encore un faible espace de temps, et ce sera vous, messeigneurs, qui gouvernerez le pays à la place du roi qui n'est déjà plus qu'un fantôme de monarque. Eh ! eh ! la France est divisée en une multitude de petits états, duchés, marquisats, comtés, baronnies; or, le peuple est fait pour se soumettre au joug altier de ces milliers de souverains; la nation... elle n'existe point; comment existerait-elle? La royauté.... il n'y a plus de royauté. Le peuple même.... est-ce qu'il y a un peuple en France ?... Non, il y a des serfs et des seigneurs, il y a des vassaux et des suzerains. Chaque suzerain fait, dans sa province, la guerre comme il l'entend, et ses vassaux guerroyent à son gré; de sorte que quand il s'agit de repousser l'ennemi commun, chacun a sa bannière, chacun a ses armes, chacun a son art de combattre, chacun a ses lois et son cri de guerre; ce que l'un fait l'autre le défait; ce que l'un approuve l'autre le condamne. Alors le peuple est nul et esclave, c'est son lot; voilà la féodalité. Vous aurez un fief, maître Berneval, quand vous ramènerez devant moi un soldat que je veux récompenser; entendez-vous, un fief qui vous mettra au nombre de tous ces heureux suzerains.

L'artisan ne sachant trop si Louis le Dauphin raillait ou parlait sérieusement, tant il y avait de dérision dans sa voix, le regarda encore; mais le prince, qui reconnut s'être trop fort livré à son exaltation ironique, sourit à Berneval et continua en disant :

— J'attends.... mais auparavant il faut que les roses de Saint-Ouen s'achèvent; et puisque vous êtes sur la route de Tancarville, je vous ordonne d'y aller quérir votre fille, si c'est en ce lieu qu'elle se trouve, afin de l'amener devant la reine au château de Lillebonne.

— J'y cours, Monseigneur, murmura Berneval qui avait retrouvé ses jambes, repris sa mine rougeaude, son allure gaillarde, son assurance effrontée, et dont les sens se dilataient par tous les pores.

Il courut en effet, le brave homme, apprendre quelque chose de positif sur le serf errant qu'il était certain de trouver à Tancarville; il courut aussi pour chercher sa fille qu'il saurait bien enlever la nuit même par le conduit mystérieux donnant dans la tour de l'Est.

C'est qu'il ne prévoyait pas alors, le pauvre sot, que le prince Louis le Dauphin connaissait les deux enfants du baron, et qu'il avait promis d'accompagner la reine au château ouvert naguère à Jeanne de Navarre. Il courut sur cette route dont la terre lui paraissait bien légère, sans se douter qu'il courait à sa perte, sans pressentir que la politique de Louis de Valois l'avait amené à une confession pleine et entière. Laissons-le donc, mes chers petits lecteurs, puisqu'il est à l'apogée de ses vaines illusions. Que son dernier rêve d'ambition ne l'abandonne point en route et l'escorte au moins jusqu'à l'heure de la déception et du châtiment.

Le soir, lorsque la gaillarde tour de Lillebonne fut illuminée du sol au faîte, et qu'une table, magnifiquement chargée de mets de toutes sortes, se fut dressée dans la grande salle; lorsque les lustres et girandoles répandirent à longs flots leurs abondants jets de lumière; lorsque la princesse, son fils et plusieurs convives eurent pris place autour de la table, et qu'ils furent tous occupés de leurs joyeux devoirs; lorsque les mets disparurent pour être remplacés, et que les coupes d'or s'entrechoquèrent doucement et courtoisement comme il convient à un festin de reine; enfin lorsque les jolis mots piquants eurent à loisir émoussé les cerveaux, et que l'esprit normand, excité par celui de Marie d'Anjou, eut déployé, à tout hasard, sa finesse douteuse et sa malice naïve, on parla plus sérieusement.

Là étaient le duc d'Elbeuf, puis le prieur de Fescam qui avait quitté à regret sa Berthe chérie pour se rendre aussi à Lillebonne, puis quelques barons et chevaliers conviés à ce banquet royal.

— Qu'est-ce que la tolérance, demanda, après

quelques adroites et mordantes reparties, la reine qui se tourna alors du côté de l'abbé, lequel était à sa droite.

— Le premier lot de l'humanité, Madame, répondit le vieillard.

— Il y a, objecta Louis le Dauphin, la tolérance religieuse, la tolérance politique et la tolérance humanitaire. Qu'il y ait parmi nous des païens, des mahométans, des juifs, la tolérance nous oblige à ne point lever la dague sur ces hommes pour gagner leurs âmes à notre religion ; pas plus que nous ne devons la lever sur l'ennemi de nos principes monarchiques et gouvernementaux ; pas plus que nous ne devons persécuter notre semblable quand il nous doit ou quand il est impuissant à remplir son serment.

— De toutes les religions qui existent sur la terre, laquelle offre le plus bel exemple de tolérance, demanda encore Marie.

— Toutes les religions ont eu leurs exemples de cette éminente vertu, répondit l'abbé ; mais la nôtre est celle qui en donne le premier principe, quoique, jusqu'à présent, les chrétiens n'aient été guère tolérants les uns envers les autres.

— J'aime à entrer avec vous dans ces discussions, Messire, reprit la reine, car vous y mettez toujours une impartialité qui édifie les cœurs ; dites-moi, de grâce, en quelle grande occasion les chrétiens ont manqué de tolérance?

— Au concile de Constance, Madame.

— C'est juste, objecta le duc d'Elbeuf, la mort cruelle de Jean Huss, suscitée par la trahison de l'empereur Sigismond, fit naître une secte d'hérétiques dont les attaques de leur part et les persécutions de la nôtre désolèrent l'Allemagne pendant longtemps.

— La tolérance exigeait plus de circonspection, objecta le prieur; les choses n'en eussent été que mieux par la suite. Tout homme qui persécute son frère, parce qu'il est d'une opinion différente, doit s'attendre à une foule de maux qu'engendre ce manque de tolérance. Jésus n'a-t-il pas dit qu'*il faut mutuellement nous pardonner toutes nos erreurs?*

— Devons-nous être tolérants pour la superstition, Messire, demandèrent plusieurs voix?

— La superstition est à la fourberie ce que l'esclavage de vos serfs est à votre féodalité, Messeigneurs.

— A merveille, s'écria le dauphin avec enthousiasme, parlons nettement : le superstitieux est le jouet du fripon comme le serf est le jouet du suzerain ; j'en ai acquis la preuve aujourd'hui.

— Contez-nous donc cela, mon bel ange, exclama la reine en souriant.

— Un stupide ambitieux rêve à une haute destinée pour sa fille ; il expédie la donzelle dans un manoir, et se sert de la sotte et niaise crédulité des gens de ce fief pour leur faire croire que le diable l'y a introduite. Aujourd'hui ce malin Normand (car c'est un Normand) se sert encore de la superstition de ces pauvres ignorants pour leur faire croire à l'apparition d'une âme...., uniquement pour détourner leurs regards d'un infortuné proscrit qui revient parmi eux, et qui seul peut-être serait capable de faire crouler son pyramidal château d'ambition et de vanité.

— Vous connaissez cette histoire, Monseigneur, demanda le prieur surpris?

— Sans doute, Messire, c'est un bel exemple, je crois, de la fraude empiétant sur la superstition. Et pour celle-là, point de tolérance....

— Il y a des superstitions innocentes, reprit doucement Marie d'Anjou, et pour lesquelles nous devons être tolérants; ce sont celles de certains cultes rendus à des objets vénérés et qu'éternise le souvenir ou la reconnaissance. L'âme a besoin d'aimer, même après l'anéantissement ; une relique suffit pour fixer cette sainte et touchante attraction.

— En fait de superstitions innocentes, reprit l'abbé qui regardait narquoisement le dauphin, je conçois celle qui encourage à la vertu et à l'héroïsme. Ainsi, par exemple, on élèvera des statues à tel bienfaiteur de l'humanité, à tel vaillant capitaine, à tel père du peuple, parce que cet apôtre de la chrétienté, ce soldat énergique, ce roi débonnaire, se seront signalés par d'immenses services rendus au pays; et on leur gardera une espèce de culte sacré, afin de se rappeler leurs exemples pour les suivre. A ceux-là les mérites de l'apothéose et de notre perpétuelle vénération. C'est de la superstition pardonnable à notre pauvre espèce qui, tout en louant, bénissant, adorant Dieu, peut bien aussi bénir, louer, aimer ses créatures privilégiées.

— Vous parlez comme un sage, répliqua le dauphin en s'accoudant humblement sur le dossier du fauteuil du bon vieillard, lequel en ce moment vidait d'un trait sa coupe d'or. Mais vous ne me direz pas que le culte rendu à la fontaine de Saint-Vandrille, par exemple, soit un culte nécessaire.

Et chacun de partir d'un joyeux éclat de rire.

— Non, certes, Monseigneur, répliqua le bon pasteur, et je le condamne de tout mon pouvoir. Que Vandrille, l'illustre allié à la famille de Pepin-le-Bref, exige de nous un souvenir de reconnaissance et de vénération, parce qu'il fonda la plus ancienne communauté de la Normandie, passe; mais que sa fontaine ait opéré et opère des miracles, cela est un abus ridicule et grossier qu'engendra la superstition des habitants de la contrée. Mais un peuple peut-il être libre de tous préjugés, Monseigneur? Ce serait vouloir qu'il fût un peuple de philosophes. La raison et le temps, en adoucissant les mœurs, se chargeront d'effacer le fanatisme qu'engendra la superstition pour laquelle il faut notre tolérance d'abord, notre prudence et nos lumières ensuite.

— Pour ne pas tomber dans l'erreur de la superstition, de quelle égide faut-il se servir, demanda un jeune chevalier qui avait encore un menton de jeune fille.

— Il en est une dont la tierce partie ne fait jamais défaut et la rend invulnérable, répondit l'abbé.

— Je devine la pensée de messire le prieur, exclama la reine; c'est l'adoration de Dieu, l'amour de la justice, l'horreur du crime.

— Sa seigneurie a lu dans mon cœur, répliqua le bon vieillard.

— Du fanatisme à l'incrédulité il y a loin, reprit Louis le Dauphin, et pourtant ces deux vices sont l'un à l'autre ce que le fer est à l'aimant : de si loin que soit l'un, il attire l'autre à lui. C'est ne pas croire à Dieu que d'adopter le culte de choses vaines et inutiles.

— Mais comment parer à ce danger et à ce vice, demanda la reine?

— Par le progrès, répondit le dauphin, par les lumières, l'instruction, les arts propagés dans les classes inférieures de la société, par les lettres, Madame.

Comme le prince achevait ces mots, on annonça qu'un jeune homme du peuple sollicitait avec instance la faveur d'être introduit, afin de lire et d'offrir un travail de poésie à la reine.

— Ceci arrive fort à propos, objecta Marie en souriant, pour vous prouver, mon fils, qu'avec un peu d'efforts les enfants du peuple ne tarderaient pas à être grandement éclairés. Et puisque nous sommes pris au mot, nous ne pouvons repousser de notre aréopage ce lauréat inconnu. Qu'en dites-vous, Messeigneurs?

— Qu'il entre, mais qu'il entre, cria-t-on de toutes parts. Un ouvrage qu'inspira notre radieuse et divine souveraine, ne peut être qu'édifiant et flatteur.

Une pâle et poétique physionomie, encadrée dans un rouleau de cheveux blonds cendrés et animée par l'éclat de deux yeux de saphir, parut sur les splendides tentures de la salle ; et bientôt une voix douce et mélodieuse, comme celle des anges, résonna quelques vers adroits et spirituellement tournés, dont la pensée ingénieuse et galante, qui les avait dictés, s'adressait à Marie d'Anjou elle-même.

— Un madrigal!.... s'écria Louis le Dauphin en examinant le jeune poète avec attention.

— On ne peut plus gracieux et courtois, continua la reine en tendant avec bienveillance sa main d'albâtre vers le jeune homme.

Celui-ci s'approchant, l'âme suspendue, le regard ébloui, plia le genou et présenta à la reine un parchemin sur lequel était copiée sa pièce de vers.

— Votre nom, mon ami, afin que je l'inscrive moi-même au bas de ce madrigal?

— Jérémie, répondit en baissant les yeux le poète qui tremblait comme on tremble devant un être vénéré et supérieur; c'est le seul que je possède, Madame.

— Et d'où venez-vous?

— De Rouen.

— Où vous vous livrez à l'étude des lettres. Vous êtes bachelier?

— Non, Madame, je suis sculpteur.

— Ah! ah! vous professez mon art favori. Quel est votre maître?

— Messire François de Berneval.

Louis le Dauphin suspendit, a ce mot, une

conversation entreprise avec le duc d'Elbeuf et écouta. Puis un homme de haute et forte stature, qui se tenait dans l'embrasure de l'une des portes de la salle, murmura à voix basse : Par tous les saints du paradis, je crois que c'est ce *gratte-parchemin* que mon misérable fripon voulait me donner pour fils. O mon Raoul ! que n'es-tu venu à sa place !!!...

— Est-il satisfait de vous, reprit Marie, ce grand maître que le roi notre sire a élevé à une si haute position ?

— Hélas ! Madame, exclama le mélancolique jeune homme en fixant timidement sur la reine l'azur diaphane de son regard chatoyant, je n'ai pas plus de goût à briser la pierre que Plaute n'en eut jamais à tourner la meule de son moulin.

— Par Clémence Isaure !!! une telle réponse vaut un prix de l'académie des jeux floraux, s'écria le dauphin en se tournant vers le jeune poète. Mais, comme nous ne sommes point à Toulouse, et que d'ailleurs, l'ami, c'est Lillebonne que vous avez choisi de préférence pour y apporter votre œuvre, notre gracieuse et tant clémente souveraine ne refusera pas, sans doute, de devenir, pour ce soir, le membre par excellence de cette académie des lettres, et de vous donner, de sa divine main, la fleur que vous méritez.

— En vérité, vous faites de moi tout ce que vous voulez, mon bel ange, murmura la reine en souriant avec grâce.

— Pour propager les arts et les lettres, il faut d'abord les encourager, continua le prince; et, en réclamant, Madame, un impôt sur vos droits sacrés de mère protectrice, je ne fais que vous prouver combien je retiens et mets à profit votre sage précepte de tout à l'heure : *Avec un peu d'efforts, les enfants du peuple ne tarderaient pas à être grandement éclairés...*

La reine ne trouva d'abord rien à répondre; mais détachant de sa chevelure soyeuse une violette d'or qui s'y penchait capricieusement, elle offrit au jeune disciple d'Apollon la fleur éternisée par Isaure, en disant : — Cette petite plante cueillie toute fraîche, l'un de ces jours passés par mon fils, au pied d'une haie silencieuse, s'est transformée, dans mes mains, en ce joyau que voici, pour vous prouver que je puis changer en gloire brillante la vie laborieuse de l'artisan obscur ou du pauvre troubadour.

C'est que Marie d'Anjou ne ressemblait point à la plupart de nos princesses qui, nées sur le sol étranger, apportent sur les marches de notre trône le tribut de leur flegmatique insouciance, et demeurent sourdes à la voix plaintive de ce fils ou de cette jeune femme du peuple dont les laborieux efforts, littéraires ou artistiques, réclament un appui, un encouragement quelconque. Marie était essentiellement française; elle l'était de cœur, elle l'était d'origine; aussi sa chaste et céleste main se faisait-elle (*sans l'aide d'une autre main rapace et intéressée*), la providence du pauvre, la muse du travailleur.

— Poète Jérémie, exclama le dauphin, notre haute et puissante souveraine vous accorde, auprès de sa seigneurie, la place de ménestrel. Vous ne retournerez point à Rouen.

— San Iago, mon patron! marmotta, entre ses dents, l'homme aux robustes formes, que n'inspires-tu à mon Raoul l'idée de venir aussi présenter à la reine quelque... *bas-relief* de sa composition : du moins j'aurais la consolation de le voir partager ma nouvelle captivité, puisque c'est une manie qu'a monseigneur le dauphin de faire prisonniers tous ceux qui viennent à Lillebonne.

— Oh! Monseigneur, s'écria le jeune poète en se prosternant de nouveau devant le prince, oh! Monseigneur, que de bontés!! Mais, qu'est-ce donc qui m'attire ainsi tant de bonheur et de félicité?

— Mes intérêts, l'ami, et puis aussi votre madrigal à la reine.

CHAPITRE XII.

—

Une Régénération.

Gloire, grandeur, vous qui m'avez séduit,
Vous n'êtes rien qu'une erreur mensongère,
Un feu follet qui brille et qui s'enfuit.

(FLORIAN.)

L'AURORE, traînant avec majesté sa longue robe de lumière, venait de chasser toutes les étoiles ses sœurs en entr'ouvrant doucement les portes du ciel. C'était l'heure douteuse où la nature renferme un charme mélancolique et mystérieux, l'heure où l'on attend le soleil. La rosée tombait mollement sur l'herbe des prairies; les fleurs s'apprêtaient à étaler sournoisement aux yeux du jour leurs coquets calices, leurs agressantes parures; et les insectes se prélassaient amoureusement, remplissant l'air de leur harmonie rustique.

Dans le salon vert de maître François de Berneval, une fillette, jeune encore de cet âge qui est impatient de jeter au loin la tunique de l'enfance pour revêtir bientôt la robe pudique de l'adolescence, était étendue dans une petite chaire de hêtre ornementée à grands reliefs, et ressemblait à une froide statue de Thémis, que le sculpteur va bientôt élever sur son piédestal, afin qu'elle montre à tous son front sévère et inflexible. En face d'elle, une immense fenêtre ouverte laissait pénétrer l'air pur et frais du matin; bientôt l'enfant s'éveilla. D'abord ses yeux tranquilles fixèrent je ne sais quelle corniche et s'y arrêtèrent languissamment; puis sa tête se souleva, et son pâle visage se tourna du côté de la croisée qui offrait alors un amphithéâtre lointain de mille accidents variés par la perspective. Alors le regard de la pauvre enfant parut vouloir percer les vapeurs épaisses qui cerclaient l'horizon. Un effet magique semblait la captiver; pourtant son réveil était triste comme si la teinte uniforme que prenait graduellement chaque nuage eût été faite pour contrarier son examen. Enfin, contrairement à la plante qui se redresse, à l'oiseau qui s'évertue, sous l'influence de l'aube naissante, la jeune fille laissa retomber sa tête sur son coussin, ne regarda plus rien et faillit se rendormir.

— Radegonde, ma fille chérie, prononça une voix dont l'intonation inconnue vibra aux oreilles de la petite comme celle qui eût raisonné d'une vision douloureuse.

Radegonde se souleva brusquement; et, passant avec rapidité ses doigts sur ses yeux appesantis :

— Où suis-je, dit-elle, en promenant tout à l'entour son regard effaré?

— Chez ta mère, mon enfant, chez ton véritable père; chez ceux qui t'ont donné le jour et qui ont voulu te créer un brillant avenir.

La jeune fille fût demeurée immobile et inerte jusqu'à la fin du monde, et eût incontestablement subi la transformation qu'éprouva la femme de Loth, si maître Berneval ne fût entré sur ces entrefaites et ne fût venu mêler sa voix à celle de sa chère Brunehaut.

— Ne tremblez pas ainsi, ma fille, exclama l'architecte en s'adressant à Radegonde que cette apparition avait saisie de terreur; bien que notre conduite envers vous ait de fâcheuses apparences, il ne faut pas douter de la force de notre amour.

— Grand Dieu! serait-il possible? s'écria l'enfant en joignant les mains; quoi! je ne serais pas la fille du baron de Rouergue?... quoi! ces constantes caresses, cette longue affection dont m'a comblée le sire de Tancarville n'étaient pas celles d'un père?... Et c'est vous, Messire, vous, dame Berneval, qui vous dites les auteurs de mes jours?.. Non, cela est impossible! mes sens sont en ce moment sous l'influence d'une illusion menteuse et cruelle. Le baron est mon père, vous vous trompez... que me voulez-vous, et comment suis-je ici?

— Vous êtes notre propre fille, Radegonde, reprit le sculpteur; un signe naturel, que vous avez à gauche de la lèvre inférieure, est l'indice sacré qui m'empêcha, moi, votre père, de vous confondre avec la fille du baron à laquelle vous ressemblâtes dans vos plus jeunes années. Le temps de vous laisser au manoir de Tancarville est passé, car monseigneur le dauphin m'a ordonné de vous amener au château de Lillebonne, d'où vous ne sortirez plus que pour entrer dans un nouveau fief à moi appartenant.

Radegonde tressaillit.

— Que j'abandonne pour jamais le baron qui m'a élevée; non, non, répondit Radegonde. Non, dussé-je l'implorer du dauphin lui-même, et l'obtenir à force de larmes et de supplications; non, je n'abandonnerai pas mon véritable père, le seul qui ait jeté dans mon cœur le germe de l'affection et de la morale, celui qui a partagé avec moi l'amour paternel qu'il devait à son seul et propre enfant.

Les yeux de la jeune fille, injectés de sang, brillaient comme des escarboucles; ses joues s'étaient empourprées d'un carmin foncé; ses narines se dilataient, et son front, qui avait laissé tomber depuis un instant l'orgueilleux bandeau qui l'avait toujours ceint, respirait une noble et touchante fierté : Radegonde n'était plus laide.

— O ma fille! dit avec transport dame Brunehaut qui la dévorait du regard.

— O Madame! vous m'avez privée de vos caresses maternelles, les premières qui devaient m'attendre à mon entrée dans la vie; vous m'avez ravi la première nourriture dont Dieu vous combla pour moi; vous m'avez jetée, moi, pauvre vassale, dans un somptueux asile de la féodalité où je me suis crue légitime châtelaine, sans que personne fût jamais venu me dessiller les yeux.... et vous voulez qu'aujourd'hui je devienne votre fille, à vous, qui étiez là si près de moi et qui ne m'avez jamais ouvert vos bras. Croyez-vous donc qu'il me soit si facile de rompre ainsi avec le passé. Sachez-le, Madame, j'hésiterai longtemps pour entrer dans une route étrangère avec des soutiens que je ne connus jamais, mais que je vis souvent, et que mes yeux s'habituèrent à regarder comme étrangers, insouciants à mon existence.

— Il fallait que ce fût ainsi, mon enfant, reprit Berneval stupéfait à la vue du noble sentiment qui se développait tout à coup dans l'âme de Radegonde. La voix de Dieu vous engage à ne regarder désormais que nous comme vos propres parents, et n'avoir foi qu'en notre amour.

— Dieu! répliqua la jeune fille en haussant les épaules, en baissant la tête et en réfléchissant longtemps. Dieu dont j'ai douté... pour croire au diable... et à ses ridicules sorcelleries. O Berthe! s'écria-t-elle, ton esprit bien supérieur au mien, me le disait souvent : « Celle de nous qui n'est pas la fille du baron, fut amenée ici par un mystère qui s'éclaircira plus tard ; » et moi je te répondais en te poursuivant de mon mépris : « Attends, fille de l'enfer, attends que ton père le démon vienne te rechercher. » Le démon..., poursuivit la jeune fille en regardant son père avec douleur, le démon est entré à Tancarville. Ah! du moins à présent il en est sorti pour toujours, et il ne restera plus désormais au chevet du noble sire de Normandie, qu'un ange bienheureux et tutélaire.

L'enfant continua de lever les yeux sur Berneval, et le reproche sanglant, qui sortit de son regard sévère, ajouta un nouveau degré à l'indicible expression qui peignait son visage dont le masque de haineuse sauvagerie était tombé pour jamais. Les touffes vagabondes de sa rude chevelure, éparses sur son vêtement de nuit, la faisaient ressembler à cette déesse impitoyable qui se plaisait à courber les têtes orgueilleuses et à foudroyer ceux que l'envie animait en ce monde.

Berneval était atterré; dame Brunehaut pleurait. La jeune fille se leva. Surprise dans son sommeil par son père qui l'avait enlevée de son Éden pendant la nuit, elle ne s'était aperçue de rien, car le sommeil de l'enfance est un sommeil de paix qui est profond comme l'était le bonheur avant qu'Ève connût le péché. Radegonde demanda un vêtement. Sa mère lui apporta une robe de laine d'un bleu fauve et une coiffure pareille, à la pointe de laquelle pendait un voile épais. Dès que l'enfant aperçut cette sombre parure, elle sentit son cœur s'oppresser, puis se fendre, et une larme humecta ses yeux. Mais repoussant bien vite cette réminiscence d'orgueil, elle se redressa fièrement, et levant ses yeux au ciel, elle murmura à voix basse : « Mon Dieu, puisque je ne suis plus le fantôme importun du baron, le sujet de sa douleur éternelle..., puisque vous m'avez révélé toute la vérité de moi-même, conduisez-moi dans la route du devoir. Éclairez-moi sur la conduite que mon cœur filial et ma docilité m'ordonnent de suivre.... Quelle que soit ma destinée, je m'y résignerai. Puisse le prince vers lequel on me conduit m'ouvrir une retraite profonde, où désormais, fille de la charité, ma main se conformera à faire le bien, et rivalisera dans ses œuvres avec celle de l'ange de Tancarville. » Radegonde était devenue humble, Radegonde était devenue bonne.

Elle se tourna vers son père, après avoir tendu son front à dame Brunehaut; puis, abaissant son épais voile sur son visage, elle se mit à marcher devant l'architecte qui la suivit et la regarda sortir sévère comme le châtiment, implacable comme la justice.

La courageuse enfant touchait déjà aux portes de Lillebonne, l'ancienne capitane des Calètes qui s'éleva un jour comme par enchantement en faveur de Julia, la fille de l'empereur Auguste, et qui devint si importante sous le nom de Julia-Bona; déjà elle apercevait la grosse tour bâtie en cailloux qui avait été occupée par les ducs de Normandie, puis les ogives se dessinant merveilleusement sur les murs grisâtres, puis l'autre tour, celle élevée sur les plans de maître Berneval, puis la grande porte féodale, et l'âme de la pauvre petite, naguère si hautaine et si vaine, était craintive et troublée à la vue de cette autre somptuosité vers laquelle on l'entraînait.

— Voyons, se dit-elle en fouillant dans son esprit abattu, que vais-je dire au dauphin, que vais-je faire devant la reine. Ils ignorent que j'ai passé mon enfance, sous un nom de suzeraine, dans une noble demeure de baron; ils ignorent que mon père, qui est en renom dans toute la Normandie, m'a éloignée dès ma naissance du toit paternel, et ne me tire de l'abandon que parce qu'il luit à ses yeux une plus brillante perspective. Il faut que la reine ignore tout cela, ainsi que monseigneur, car un gibet peut-être se dresserait pour le premier architecte du royaume.

Et l'enfant, par un mouvement fébrile, pressa le bras de son père.

La reine.... pensa-t-elle encore, je vais voir la reine. On la dit bonne; mais son fils!... M'est avis que tout ceci va nous porter malheur. Pourquoi le prince exige-t-il que mon père m'amène à Lillebonne. S'il avait un doute de tout ce qui s'est passé, et qu'il voulût en cet instant tendre un plége à mon père. On le dit rusé et adroit. Mais non, cela est impossible. Si le jeune seigneur, que je vis il y a quelques mois avec Berthe, s'était imaginé de raconter au prince le mystère qui pesait alors sur Tancarville, et que le dauphin, par une politique habile.... Mais non encore une fois, cela ne se peut pas.

Et Radegonde, qui dédaignait de faire à son

père toutes ces observations, s'avança d'un pas fort indécis au pied du coteau rapide sur lequel est élevée cette ville où l'industrie s'exerça jadis avec ardeur, et où 100,000 âmes qui la peuplèrent n'y furent point à l'étroit. Pourtant, petit à petit, l'enfant se livra tout entière aux capricieuses fantaisies de son imagination de jeune fille, à ses naïves illusions d'autrefois, et oubliant bientôt le danger, elle traversa, toute frémissante de bien-être, le pont-levis jeté si hardiment sur un fossé de trente-trois pieds de large, et elle arriva presque radieuse au château.

C'est que, rentrée dans cette sphère où l'éclat grandiose, l'ample somptuosité de la vie se déployait à chaque pas, venant pour ainsi dire faire appel à ses désirs passés en narguant sa position actuelle, rentrée, dis-je, dans le sanctuaire du faste, la petite aspirait de nouveau, et avec un redoublement de satisfaction, l'élément de sa première vie.

Lorsque Radegonde sentit cesser les combats que se livrait son cœur, elle était devant Louis le Dauphin.

Quiconque a vu le spectre de Brocken, ce météore gigantesque des montagnes lointaines, a éprouvé une torpeur semblable à celle que ressentit la pauvre Radegonde lorsqu'elle reconnut, dans

Louis de Valois, ce jeune seigneur qui, quelques mois auparavant, avait arrêté sur elle un regard si défavorable, et avait appris, de la bouche même de Berthe, le mystère qui pesait alors sur Tancarville.

— Grand Dieu ! ! ! dit-elle en son âme.

Et son corps éprouva une commotion électrique dont le mouvement, brusque et violent, ébranla l'architecte.

— Rassurez-vous, ma fille, lui dit tout bas maître Berneval qui ignorait la rencontre fortuite du prince et des demoiselles de Rouergue, monseigneur est indulgent et bienveillant ; levez votre voile, Radegonde.

Mais Radegonde n'obéit point.

Le dauphin faisait alors une partie de piquet avec le duc d'Elbeuf.

— C'est pour mon aïeul, Charles VI de France, disait Louis, tandis que son hôte battait les cartes, qu'on inventa ce jeu bizarre. Pauvre monarque ! qu'une longue et cruelle démence sépara du trône pour jamais, et qui avait besoin, pour retrouver sa lucidité passagère, d'un bouffon et de ces chiffons de papier.

La partie s'engagea, le duc avait la main, il alla jusqu'à trente, sans que le prince puisse rien compter.

— Pic, s'écria le châtelain.

— Eh! par Dieu, reprit Louis en riant très-haut, la chance m'a tout à fait abandonné. Je vous le disais bien, sire duc, et je vous le dis encore, rien ne me doit réussir aujourd'hui.

Il aperçut alors Berneval, et la jeune fille toujours voilée, et souriant cruellement à la vue de cette enfant qu'il était certain de reconnaître pour l'une des petites suzeraines auxquelles il avait parlé sur la falaise de Tancarville, il se tourna triomphalement en se disant: Je tiens donc le fil de cet impénétrable mystère.

— Ah! ah! exclama-t-il du ton railleur, approchez, maître, approchez aussi, ma gentille. Comment vous nomme-t-on?

— Arlette! répondit Radegonde.

— C'est juste, dit le prince à part lui; ce changement de nom était nécessaire, urgent même. — Nom charmant, reprit-il à haute voix, qui rappelle la mère du grand Guillaume. Vous venez?...

— Je viens d'une humble maison voisine d'un grand château, je viens d'un ermitage que Monseigneur n'aura pas la cruauté de me faire abandonner.

— Diable, vous n'êtes pas ambitieuse, ma douce amie, et messire votre père n'a pas une âme de votre trempe, je vous le jure. De grâce, laissez là vos idées de misanthropie ; une enfant telle que vous doit parfois rêver à la grandeur. La grandeur est promise à maître Berneval en récompense d'un service qu'il doit me rendre.

Les deux arcs de la bouche du dauphin étaient si impitoyablement creusés alors, que Radegonde sentit son âme plier sous ce joug ironique et railleur.

— Dans la grandeur.... mon prince, répondit la jeune fille qui accumulait sur son visage les plis nombreux de son voile et qui puisait dans son âme régénérée une verve inconnue, dans la grandeur on sent trop le besoin de l'amitié qu'on y cherche en vain. Quiconque vit pour l'amitié doit fuir la grandeur.

— J'ai peu vu de vassale de votre espèce. Car le monde est un amphithéâtre dont les degrés d'en haut sont d'ordinaire enviés par tous ceux qui occupent les degrés d'en bas.

— Sa seigneurie a trop de sagesse pour croire que le bonheur et l'affection aiment à se placer si haut.

— Je ne suis pas philosophe, moi, dit le prince en souriant ; et pour cela il m'est permis de ne pas adopter votre erreur.

— Que ma conviction soit erreur et mensonge, qu'importe, Monseigneur, si elle est nécessaire à l'humilité de ma vie.

— Cette enfant a tout l'esprit de ma naïve et petite Berthe, pensa le dauphin, mais elle n'a pas sa voix si douce, dont l'intonation mélodieuse glissait sur mes sens comme une ineffable liqueur d'ambroisie. — Qui vous a instruite, ma gracieuse? reprit-il à haute voix.

— Instruite..... je ne le sais pas, Monseigneur. Mon âme fut vide longtemps, mon esprit fut contraint sans cesse, une vaine superstition, à laquelle je m'adonnai longtemps, fit toujours de moi une détestable machine incapable d'admirer spirituellement les œuvres de Dieu, tandis que par habitude et avec des mots banals, ma bouche les louangeait perpétuellement; incapable d'aimer mes semblables parmi lesquelles je jouais au *grand personnage;* vivant d'une vie empruntée et travestie.

— Et vous vous êtes délivrée de ce pesant fardeau, c'est bien. Vous possédez par ma foi un cœur capable de les attirer tous; une âme bien propre à en entretenir une autre; un esprit digne d'en occuper un supérieur. Encore trois ou quatre années, et votre personne ne sera pas déplacée auprès d'une noble dame.

— Si je ne craignais pas de déplaire à Monseigneur, et si je croyais m'être attirée sa royale clémence, je le prierais de réfléchir qu'Arlette est plus heureuse dans son pauvre canton de Saint-

Romain que dans les somptueuses salles blasonnées d'un fief ou d'un château princier.

— Quoi! vous tenez autant à votre obscurité? Oh! mais vous n'êtes encore qu'une bien jeune enfant, et bientôt....

— Bientôt, Monseigneur, je saurai encore mieux que beaucoup de reines s'ennuient dans leurs palais royaux.

— Franchement, vous me paralysez. Eh bien! qu'il en soit fait selon votre bon plaisir, ma gentille rebelle. A votre père le marquisat promis, à vous un héritage sur le bord de la Seine. Mais en attendant que maître Berneval revienne vous chercher en ce lieu, vous allez, je vous prie, troquer vos sages principes de raison contre l'enjouement de votre âge et vous faire petite suivante de la reine. Vous n'avez que douze ans, je le sais; mais pour la sagesse et la grandeur corporelle on vous en donnerait quinze.

— Quoi qu'il en coûte beaucoup à mon esprit de subir cette métamorphose, croyez, mon prince, que j'emploierai toute la grâce possible afin d'égayer, parfois, l'humeur de notre puissante et adorée souveraine.

— C'est entendu et convenu. Levez ce voile, murmura le dauphin qui avait reconnu dans cette fière Arlette le spiritualisme de Berthe et la voix de Radegonde, et qui, fort embarrassé au milieu de cette double et trompeuse illusion, ne pouvait s'expliquer un aussi indéfinissable subterfuge.

— Par votre intercession royale, j'appartiens à la reine, Monseigneur, répliqua la jeune fille d'une voix ferme en s'humiliant avec respect. Une fille d'honneur de Marie d'Anjou ne lève jamais son voile qu'aux ordres de sa seigneurie.

Le prince avec dépit se retourna. Et sa main mutine frappa sur un timbre placé sur la table de marqueterie devant laquelle il était placé. Un page parut.

— Godefroy, lui dit-il, conduis cette enfant dans l'aile du bâtiment réservée aux dames d'honneur de la princesse. Quant à vous, maître Berneval, vous pouvez retourner à Rouen.

Et désappointé, Louis le Dauphin prit les cartes, les battit avec impatience, et au bout de quelques instants cria, Pic!

— La chance vous revient, Monseigneur, lui dit d'un ton légèrement caustique le duc d'Elbeuf.

— J'étais pourtant en veine de me laisser battre, répondit le fils de Charles VII. Ah! demoiselle Arlette, gare à mes représailles!!!

CHAPITRE XIII.

—

Un Nuage au Ciel.

Et lorsqu'un même Dieu, dans la même balance,
Pèsera d'un coup d'œil le crime et l'innocence,
Le tyran mis aux fers, l'esclave en liberté,
Entreront tous les deux dans leur éternité.

(BIGNAN.)

VOULOIR tenter de vous faire, mes bien-aimés lecteurs, une description de l'abbaye de St-Ouen, serait bien téméraire et bien audacieux de ma part. Ce n'est pas avec une plume si mal taillée qu'on entreprend l'esquisse d'un chef-d'œuvre de l'art; ce n'est pas avec un style si vulgaire qu'on entame la reproduction des choses saintes. J'ai vu cette magnifique basilique, j'en ai été enivrée, éblouie; et c'est en fixant mes regards émerveillés sur l'une des deux roses de la fenêtre le Bénédictin, que j'ai conçu le projet de vous écrire cette histoire. Mais il y avait alors dans mon faible cœur une si grande profusion d'admiration et de surprise, ma pensée, vagabonde sous ces voûtes à Dieu, était tellement suspendue, agitée, qu'aujourd'hui je ne vois plus qu'à travers un nuage d'apothéose l'harmonie parfaite de toutes ces parfaites proportions, le corps hardi de ce bâtiment, soutenu à l'extérieur par une infinité d'arcs-boutants, le cercle ravissant de ce chœur entouré de colonnes réunies en faisceaux, cette clarté vraiment céleste qu'y laissent pénétrer les vitraux coloriés d'une foule innombrable de fenêtres, la majesté des trois magnifiques rosaces dont le luxe et la délicatesse d'ornements me subjuguent encore; puis l'assemblage édifiant de ces onze chapelles, dans l'une desquelles se trouve le marbre funèbre renfermant les restes inanimés de cet infortuné François de Berneval, représenté, lui-même, sur la pierre tumulaire debout à côté de son élève, comme une éternelle image de la rivalité qui exista entre eux; puis cette radieuse et poétique statue de sainte Cécile, placée dans cette même chapelle entre deux colonnes d'ordre corinthien; puis, dans la chapelle de la vierge, un autre mausolée, celui d'un enfant, fils d'un maréchal de France : Jean Talbot. Dois-je vous le dire, mon esprit n'entrevoit plus qu'à travers un prisme d'édification, ces tableaux notables dus aux habiles pinceaux de Daniel Hallé, Deshays, Léger, etc. Enfin, mon extase se ranime au souvenir de cette grande tour d'église, voisine du ciel, couronnée dans les airs de son diadème de dentelle, donjon abbatial que je saluai bien avant d'entrer à Rouen, et devant lequel ma pensée s'étonna pour la première fois, en réfléchissant aux merveilles des hommes.

Mais je laisse ce travail de l'art pour lequel je ne trouve ni mots ni expressions, et je me reporte à cette époque fatale où un terrible sentiment de haineuse envie s'exhala, dans ce temple de Dieu, du sein même de l'une de ses plus gracieuses chapelles.

Il y a quatre cents ans, toute la population de Rouen se portait en foule sous ces vastes portiques; la nef, le chœur, les bas côtés, les galeries supérieures, tout fut longtemps encombré par une multitude avide de curiosité et empressée d'offrir à l'art sa plus belle ovation. Car le peuple de Rouen fut toujours le juge intègre, quoique enthousiaste, de toutes les perfections qui se sont offertes, soumises au tribunal de son jugement.

C'est que la fenêtre le Bénédictin avait enfin été dépouillée de son échafaudage, et montrait, aux regards avides des Rouennais, ses deux roses nouvelles, dues au ciseau de François de Berneval et à celui de Raoul Lyndai, son *serviteur ou apprenti*.

L'opinion de la foule avait donc dû se prononcer; elle avait jeté son cri unanime, implacable, sonore et vibrant; et la renommée, planant sur le sanctuaire bénit de la basilique, le lui avait ravi pour le répéter, à l'aide de ses cent bouches, dans toutes les villes principales de la Normandie. Or, ce cri s'en allait, de cité en cité, grossissant comme le flot de l'océan, proclamer un nom que tous les protecteurs de l'art apprenaient à prononcer, celui de Raoul Lyndai; car *sa rose était bien supérieure à celle de son maître, sa rose n'avait point de rivale;* tel avait été le suffrage universel, l'hommage immortel qui devait faire une haute réputation au jeune disciple de la sculpture, parce que la reine Marie d'Anjou, venue à Rouen tout exprès pour voir ce travail, avait arrêté sur le *flambeau magique* son regard de souveraine, et qu'une larme de satisfaction, suscitée par un chef-d'œuvre dans son art favori, avait été aperçue entre ses cils d'or, et était tombée comme la rosée venant humecter la palme due au jeune travailleur.

Louis le Dauphin aussi s'était prononcé sur cet

ouvrage féerique, et son enthousiasme avait accrédité celui du public qui s'exhale d'abord de lui-même et se fortifie après par l'ascendant des puissants.

Un concert unanime fêtait donc dès ses débuts l'enfant qui avait, non forcé son génie miraculeux, mais auquel la passion de l'art avait appris à surpasser le grand maître. Un seul être ne fut pas de l'avis de tout le monde; cet être avait bon motif pour cela, car il était envieux et ambitieux : c'était François de Berneval.

Le grand architecte du roi Charles VII de France n'était pas encore entré en possession de son fief, car il n'avait pas retrouvé Jacques Lyndai, lequel avait une excellente raison pour ne pas se laisser attraper par son ancien fripon. Seulement, le pauvre sot, qui avait appris la désertion de Jérémie, croyait bénévolement que Jacques, dupe de sa fausse assertion, était enfin arrivé à Rouen et en était reparti de suite avec son faux enfant. En vain cet homme avait-il fait les plus actives recherches, il n'avait pu découvrir les traces des fuyards; et cette dernière fatalité, jointe à sa chute artistique, contribuait beaucoup au peu de satisfaction qu'il ressentait du triomphe de son rival.

Il eût été bien étrange, dira-t-on, que Berneval, qui avait indignement trompé Jacques Lyndai, eût la folle espérance de le ramener vers le prince, sans encourir un grand danger, car le serf pouvait dénoncer Berneval comme un vil et infâme spoliateur; mais je répondrai qu'il y a dans ces natures, si bizarrement organisées, une foi perpétuelle de soi-même qui ne doute de rien; c'est ce que nous appelons du cynisme, et ce que Louis le Dauphin eût qualifié d'impudence. L'architecte n'avait pas même songé à cette minutieuse puérilité. L'appât de l'or ne soulève-t-il pas toutes les difficultés, ne résume-t-il pas toutes les questions, et ne conduit-il pas à tous les buts? — C'était là le motif de l'aplomb de Berneval, qui s'était peu à peu habitué à juger les humains sur son moule, en disant: « Nous sommes tous nés fils d'Adam! »

Un jour, voisin de l'inauguration de la rose de St-Ouen, le château de Lillebonne fut désert; la grande tour à trois étages d'appartements devint silencieuse; son escalier en spirale fut clos du haut en bas, et son aspect royal s'en alla comme une blanche illusion avec Marie d'Anjou qui partait pour le nord. Tancarville à son tour avait abaissé son pont-levis, ouvert sa grande porte féodale à la reine des arts, et l'avait reçue avec tous les honneurs accordés jadis à Jeanne de Navarre. Pourtant, le châtelain était plongé dans une profonde douleur, et la consternation était répandue dans tout le fief en général.

Or, voici ce qui motivait la panique.

Radegonde, celle des demoiselles de Tancarville qu'on disait n'être pas la fille du diable, avait disparu quelques jours avant l'inauguration du fameux ouvrage de St-Ouen; et un aigle blanc, logé continuellement au donjon de la tour de l'Est, avait seul opéré ce miracle. Les femmes disaient : « Je savais bien que l'esprit de la baronne viendrait un jour ou l'autre déclarer laquelle de ces deux enfants était la sienne propre. C'est son âme, sous la figure d'un monstre ailé, qui a fait ce prodige. » Les hommes disaient : « Le diable, sous la forme d'un aigle, est venu reprendre ce qu'il avait apporté; nous sommes quittes... quittes à bon marché, puisque le malin n'a exercé, dans la tour de l'Est, ni ses méchants tours, ni son sabbat maudit. » Les petits enfants ajoutaient : « J'espère bien qu'on va faire abattre cette vilaine *tour de l'Aigle*, à présent qu'elle est véritablement hantée. »

Mais Louis le Dauphin et Marie d'Anjou, qui étaient les deux bons génies de Tancarville, arrivèrent fort à propos pour qu'on ne démolît pas la tour qui est encore debout, aujourd'hui dix-neuvième siècle, et dans laquelle un de nos grands écrivains (1) s'inspira si merveilleusement.

(1) P. Lebrun écrivit dans la tour de l'Aigle sa ravissante tragédie de Marie Stuart.

A la vue du brillant cortége qui s'avançait vers le manoir, toutes les physionomies s'épanouirent; et lorsque le dauphin, instruit rapidement du bruit qui circulait dans Tancarville, déclara formellement, d'un ton bref et hautain, qu'il voulait loger dans la tour de l'Est, tous les serviteurs de Rouergue chantèrent la ballade du pays et dansèrent une ronde en l'honneur d'une si mâle intrépidité.

— Je vous ramène un bon et fidèle vassal, disait Louis de Valois au sire de Tancarville, qui avait enfin quitté sa chaire d'ébène armoriée pour s'avancer au-devant de ses nobles hôtes. Je vous ramène un noble et loyal ami que vous avez pleuré longtemps et qui a longtemps souffert.

— Monseigneur, répondit le bon châtelain, vous êtes le fils d'une déesse; or, un demi-dieu n'opère que de grandes choses.

— Pas de flatteries, la reine s'en offenserait, répondit le dauphin en souriant.

— Et moi, murmura Marie de Valois en présentant sa main raphaëlesque au baron qui la baisa religieusement, je vous ramène un pauvre fugitif qui s'estimera heureux de continuer sa vie auprès de votre bel ange adoré.

— Madame, reprit encore le sire de Normandie en pliant le genou devant la princesse, vous êtes la mère du peuple; or, c'est autour de vous que se réunissent les brebis égarées.

La fin de cette scène de réception royale s'acheva, comme on le pense, au milieu des plus douces émotions. Jacques ne tarda pas à être dans les bras de son suzerain ami, et Radegonde, que désormais nous appellerons Arlette, aux pieds de son père adoptif. Car la reine ayant appris, de la bouche même de la jeune fille, le fin mot de la mystérieuse aventure, s'était chargée de la réintégration de la pauvre petite au château de Rouergue. Et le dauphin, pour toutes représailles, s'était contenté de lui sourire amicalement, lorsqu'elle se fut enfin décidée à lever son voile si mutin.

Mais Raoul n'était pas encore arrivé de Rouen. On l'attendait avec impatience pour le présenter à la reine qui le demandait sans cesse, pour aussi le rendre à son père qui avait bien acheté, par ses derniers mois de captivité, le bonheur de l'embrasser et de ne le plus quitter. Et comme l'adroite politique du prince, en retenant ainsi Jacques Lyndai, avait eu un profond et complet résultat, puisque, par cette voie, le dauphin était parvenu à connaître le traître qui avait jeté la division à Tancarville, rien ne s'opposait plus à cette douce réunion. Mais Raoul ne revenait pas.

Louis de Valois voulut, par une chasse, fêter son arrivée à Tancarville. Les environs d'Orcher furent choisis de préférence pour cette partie de joyeux augure, à cause de la grande variété de gibier qu'ils pouvaient alors offrir aux nobles amateurs. Le bonheur de voir faire un horrible carnage parmi les perdrix grises du canton de Montivilliers, les cailles, les bécassines et les lièvres de Gonfreville, faisait tressaillir d'émotion la jeune Berthe qui était déjà faite à cet exercice viril et commun alors aux nobles filles de suzerains.

Le lendemain de l'arrivée, lorsqu'une lumière obscure sortit de l'infini des cieux et que les ténèbres eurent quitté notre hémisphère, il se fit un grand vacarme dans la cour seigneuriale du manoir. Le baron, dont le front dès lors éclairci pour longtemps cachait à peine le rayon de sa joie la plus ample et la plus douce sous la visière pointue d'un chapeau à plume précieuse, le baron, dis-je, faisait caracoler son cheval non loin du dauphin, lequel, tout de velours habillé, examinait, pendant que le sien piaffait d'impatience, sa trousse de chasse toute de fer gravé et doré, et dont chaque monture était en ivoire artistement travaillé. Marie d'Anjou, environnée de sa suite, montait un cheval blanc et ressemblait à Diane, tant son port majestueux était noble et fier, tant sa taille souple et élégante, emprisonnée dans un étroit corsage à basques galonnées d'or, ressortait fine et élancée de son énorme jupon de brocard fleurdelisé, tant sa gracieuse tête perdue dans des voiles, empruntés peut-être à la sœur d'Apollon, était digne de l'Olympe où les Grecs eussent infailliblement placés cette reine de la terre, si elle eût vécu aux siècles du paganisme. Berthe de Tancarville et Arlette de Berneval, la première vêtue de velours bleu céleste, la seconde de velours amaranthe, assises toutes deux sur de fougueux gris-pommelés, se tenaient l'une auprès de l'autre dans une charmante intimité. Le bras de Berthe, appuyé sur l'épaule de sa sœur d'adoption, faisait ressembler la câline enfant, dans cette pause flexible, à une fille du ciel répandant sur une fille de la terre sa divine et mystérieuse puissance.

Enfin c'était plaisir de voir cette suite brillante qui encombrait les abords du perron ; c'était un beau spectacle que celui de toutes ces plumes ondulant capricieusement sur des feutres impertinents et coquets, toutes les molettes d'argent de ces énormes éperons brillant bel et bien, tous ces costumes pittoresques balançant fièrement leurs draperies variées, toutes ces mines hautaines, gaillardes, sournoises, dissimulant sous leur encadrement de cheveux roulés ou bouclés l'ardeur qui les animait. C'était étourdissant d'entendre le fracas des montures et le mouvement des meutes.

Tous les serviteurs de Rouergue qui avaient abjuré leurs terreurs et divorcé avec leur félonie, prenaient aussi part à la joie. La tour de l'Est, où avait couché Louis le Dauphin, était grandie à leurs yeux de cent coudées, et ressemblait dans leur imagination architectonique à la tour de Babel (si ce donjon de Sennaar eût été achevé), quoique pas un d'entre eux ne se fût hasardé à en arpenter les degrés. Mais, mon jeune lecteur, vous ne connaissez pas la couardise, pourquoi vous parler de celle de ces bonnes gens?

Les cors résonnèrent leurs plus engageantes fanfares, et alors le pas vif et ferme des chevaux retentit sec et éclatant sur le pavé des cours; puis il s'étouffa bientôt sur le gazon de l'avenue, pour enfin battre au loin les bruyères de la lande.

Tous les objets de la nature flottaient encore dans le vague de la brume : le cap du Hode, au-dessous de Tancarville, et la caverne de Saint-Vigor où la superstition plaçait le rendez-vous des âmes en peine, prenaient mille formes fantastiques; car c'était l'heure où le regard peu sûr donne à chaque chose une forme indécise, l'heure où la terre semble mystérieusement sortir du néant et déchirer son lugubre linceul. De temps en temps notre bruyante cavalcade s'évertuait à travers des massifs d'arbres centenaires, ou bien s'aventurait dans des routes désolées par les alluvions, et alors elle laissait loin derrière elle des grottes creusées dans le roc, berceaux de mille fables imaginaires, des marnières, des étangs, pour revoir bientôt mille sentiers capricieux, enchanteurs.

La reine seule était pensive et méditative; placée entre Berthe et Arlette, elle allait, elle allait toujours. Son beau front, aux bandeaux gracieusement arrondis sur les tempes, était baissé et rêveur; son grand œil, à la prunelle en feu, était distrait et préoccupé; sa bouche, confondue par l'abeille avec la rose, était à demi-plissée par un sourire amer; et sa main, crispée par la mélancolie, tenait immobile une petite cravache qui boudait à force d'être inoccupée.

— Tout est calme dans la nature qui va se parer pour vous, Madame, murmura Berthe d'une voix craintive, et cependant je vous vois plongée dans une rêverie profonde. Une souveraine si belle, si bonne, si spirituelle, si puissante et si universellement aimée, a-t-elle le droit d'être chagrine?

— Regardez là-haut, dit la reine en désignant l'immensité à la jeune fille, sans doute pour se délivrer par ce stratagème d'une inquisition qui l'obsédait.

— Tout y est pur, Madame.

— Il y a un nuage au ciel, répondit vaguement Marie.

— Je l'avoue, comme sur votre front, Madame.

La reine soupira, et un nom.... celui de son époux, effleura ses lèvres.

— Quand paraîtra le soleil, ce nuage s'effacera, reprit Berthe.

— Vous croyez. Puisse-t-il paraître bien vite, afin de me délivrer de mon cruel pressentiment, répliqua-t-elle en répondant à sa pensée intime.

— Madame la reine prévoit une tempête, hasarda Arlette.

— Oui, bien violente, reprit Marie qui parlait toujours à son âme.

— Le lis, la fleur privilégiée de la religion et de la monarchie, ne doit pas plus trembler au cœur de sa vallée, que la reine Marie au milieu du peuple dont elle est l'ange gardien.

La princesse sourit amèrement, et une larme voila sa vue.

Cependant, les chiens lancèrent un renard qui conduisit la troupe joyeuse au pied de la falaise d'Orcher, dont les abords n'étaient que des bois très-touffus. Et comme le solitaire quadrupède avait jugé à propos de dépister les meutes, en se sauvant dans je ne sais quelle redoute, on dut faire en cet endroit une halte de désappointement.

— Mon aigle! mon aigle blanc! échappé de mon manoir il y a quelques jours! cria à tue-tête le baron de Tancarville en désignant, à la troupe ébahie, un jeune aiglon argenté, tacheté d'ébène, qui descendait perpendiculairement du roc sur lequel sont assises les deux tours d'Orcher, pour aller se cacher dans un des mamelons qui avoisinent la source d'eau pétrifiante.

— On prétendait que c'était le diable, votre aigle blanc, s'écria Louis le Dauphin ; au fait, c'est peut-être bien l'âme du duc Robert qui revient, après six siècles, visiter son fief.

— Que votre seigneurie le juge selon son bon plaisir, mon prince, répliqua le baron, cet aigle n'en est pas moins mon fugitif.....

— Suzerain, poursuivit la reine, c'est le nom qu'il faut lui donner, puisqu'il appartient à l'un de nos nobles sires de Normandie.

— Vous n'avez qu'un mot à dire, Madame, pour que ce roi des oiseaux devienne un aigle royal.

— Quoi! baron, vous chasseriez l'aigle sur cette falaise hantée, dit-on, par le diable, et cela pour m'abandonner cet altier volage que je rapporterais à Tancarville en guise de faucon! ah!....

— Il y a quelques jours que je ne suis plus superstitieux, Madame!

— Votre conversion est venue un peu tard.

— Un souhait de votre seigneurie ferait tendre des lacs au diable lui-même.

— Qui aurait peut-être la maladresse de s'y laisser prendre.

— Votre présence seule en serait cause.

— Comment cela ?

— Mon Dieu, Madame, c'est que nouvel *Icare* volant trop près du *Soleil*, ses ailes de cire pourraient se fondre et entraîner sa chute.

— Ah !.... vous devenez courtisan, mais n'importe !.... Que la chasse se continue sur la falaise, afin qu'on y tende des filets au démon, et nous verrons bien si ses ailes factices l'abandonneront en route.

Et les chevaux se lancèrent dans la gorge de Gonfreville.

— Le nuage est au-dessus de la colline, objecta Marie en souriant à Arlette, qu'un dernier reste de terreur faisait pâlir visiblement en ce lieu maudit, dont autrefois elle ne prononçait le nom qu'en se signant.

— Une terrible tempête y éclata un jour, Madame, répliqua la jeune fille avec amertume, puisse-t-elle n'avoir point de reproduction.

On était au pied du ravin dans lequel l'eau de la source merveilleuse tombait lentement; debout et silencieuses, se dressaient devant tous les yeux les deux mornes statues d'Ulric et de Blondin.

Un mal-être inconnu et rapide, comme celui qui

nous surprend lorsque la sève nous abandonne, circula dans les veines de chacun à la vue de cette lugubre image de l'oppression et de la tyrannie. Un vague sentiment de frayeur, d'épouvante et de crainte fit frissonner tous ces hommes aguerris. Le front de Marie s'inclina de nouveau sous le poids d'une tristesse de plus en plus profonde. La franche et naïve gaieté, qui couronnait celui de Berthe, comme une auréole céleste, éteignit tout à coup ses rayons. Et Arlette s'agenouilla pieusement au pied de la grande croix élevée par Bérangère à côté des statues pétrifiées. Le prince et le baron, émus malgré eux, se décoiffèrent avec respect, et toute la suite en fit autant. L'aigle suzerain était totalement oublié.

Soudain un bruit étrange, comme le râle de l'agonie, succéda au vacarme étourdissant qui avait précédé, parmi les chasseurs, cette profonde tristesse, et bientôt une voix plaintive, comme celle d'un trépassé, ou plutôt affaiblie par une douleur que chacun crut ressentir, entonna ces tristes couplets :

Sous la marne, ô ma mère !
J'ai trouvé le suaire
Des enfants de la mort.....
Et cette source altière
Hélas! fit une pierre
De ma cendre qui dort.....

Pleure, ô ma Bérangère !
Fais à Dieu ta prière,
Mets ta robe de deuil.....
Le sédiment calcaire
De cette eau mensongère
Se transforme en cercueil.

— Hé bien ! s'écria Louis le Dauphin en cherchant à chasser la panique qui venait de s'emparer de la foule; qui est-ce qui se charge de chanter le troisième couplet, celui de Bérangère ?

Personne ne bougea.

Pourtant un cheval hennit fièrement, et, foulant au pied la marne calcaire, il s'approcha du ravin et déposa la reine à terre.

— Ce sera moi, dit Marie, moi qui répondrai à cette voix d'appel.

Et comme si le couplet de Bérangère eût été fait pour elle seule, elle chanta avec des larmes dans la voix :

Le ruisseau solitaire
Filtrant sous l'herbe amère
Dit le *Miserere*.....
Et la fleur qui s'altère
Sur sa tige éphémère
Dit que j'ai bien pleuré...

Le ton plaintif, douloureux et tendre avec lequel Marie prononça cette dernière pensée, si bien comprise par elle, surprit des larmes dans les yeux de chacun. Mais elle demeura insensible, toujours à la même place, les yeux fixes, les mains tendues, le corps à demi-penché, semblant assujettie à une muette extase, quand tous ceux qui l'entouraient subissaient devant elle la même influence. On eût dit que la fraîcheur humide qui s'exhalait de cette source malfaisante eût déjà projeté son maléfice sur tous ces êtres naguère si pimpants et si intrépides.

Alors la main de la reine se leva dans la direction de l'une des statues d'argile, comme si Blondin lui-même, le pauvre petit Blondin fût sorti de son droit cercueil; ses yeux s'animèrent d'un éclat surhumain, puis elle se rejeta en arrière, après avoir poussé un effroyable cri.

— La reine a été frappée par la puissance de Satan, s'écria Arlette, redevenue Radegonde, dont le regard éperdu se tourna vague, incertain autour d'elle, tandis que Berthe et les filles d'honneur s'empressaient de porter secours à Marie d'Anjou.

— Là.... disait la reine en désignant, de l'autre côté du ravin, l'espace contenu entre les deux statues, là.... allons là....

Et ses lèvres frémissantes et fiévreuses répétaient cette syllabe inintelligible; ses joues étaient nacrées, son front glacé, ses yeux hagards.

— Pauvre enfant, reprit-elle, si beau, si divin, et englouti dans ce gouffre.... il faut le sauver.... le sauver, mais le pourra-t-on? N'importe, allons toujours là.... là où il chantait tout à l'heure.

Et sans cesse elle désignait l'endroit fatal, sans cesse elle paraissait insensée.

Pour aller *là* il fallait tourner le roc, le gravir et le redescendre. Pour la satisfaire et ne pas la contrarier dans sa folie naissante, le prince, le baron, Berthe et quelques hommes se hasardèrent à la suivre dans le chemin qu'elle prenait. Mais elle allait, allait toujours; elle marchait ou plutôt elle filait, comme une étoile voyageuse, laissant derrière elle un long jet de lumière. On ne pouvait égaler la vitesse de son pas. Pourtant Berthe s'attachait à elle comme un jeune faon qui court après la biche alerte. Ce spectacle était navrant et cruel. Bientôt elles eurent dépassé de beaucoup les hommes qui étaient à leur suite, et lorsque ceux-ci arrivèrent à l'endroit indiqué, un horrible tableau s'offrit à leurs regards surpris.

La reine et Berthe agenouillées sur la berge du ravin retiraient à force d'efforts un corps inanimé, celui d'un jeune homme, dont les pieds étaient déjà encroûtés dans l'eau pétrifiante; elles cherchaient à soulever sa tête meurtrie, dont le visage était tourné contre la marne. Le baron et le prince, repoussant la femme et la jeune fille, soulevèrent dans leurs bras cette masse sanglante et inerte.

— Enfer !!!... cria Louis, en cachant de suite, afin que personne ne le reconnût, le beau visage décoloré de la victime.

Alors l'enfant de Valois demeura longtemps terrifié devant ce cadavre qu'il soutenait toujours de son bras flexible et tremblant.

Dans les mains souillées de boue et excoriées de la victime, était un feuillet écrit qu'elle tenait encore dans une dernière contraction nerveuse : le prince le prit, après avoir fait retirer la reine ainsi que Berthe, et lut ce qui suit :

« Mon enfant,

« Un motif que je ne puis t'expliquer, m'oblige
» à t'attendre sur la falaise d'Orcher, au pied de la
» tour de Gonfreville. Ton père, cruellement per-
» sécuté par une main inconnue, a cherché là un
» refuge contre la haine des hommes, et t'y attend.
» A bientôt donc, mon enfant, à bientôt.

» Jacques Lyndai. »

— Un piége! cria le dauphin, en tendant le parchemin au baron qui le lut en pleurant. Un piége! par lequel on a attiré le pauvre enfant sur ce mont de malheur, pour l'y frapper de mort et

l'y engloutir ensuite. Oh! il ne faut pas grand art pour en deviner la source. Infamie!!!. . . . . . .
. . . .

La douleur du prince, en cette circonstance, mêlée à celle du bon châtelain, fut si expansive, sa pâleur et l'altération de ses traits furent si grandes, que la reine se jeta au devant de lui et voulut tout savoir. Alors elle souleva aussi le pauvre jeune homme, elle enleva le mouchoir qui cachait son visage, et immédiatement un cri perçant partit derrière elle avec ce mot : Raoul!!!

— Raoul? reprit la reine toute frémissante en voyant Berthe tomber dans les bras de son père, Raoul Lyndai?..... cet enfant dont le travail surpassa celui de son maître, cet enfant dont l'art, chéri de moi, était déjà si profondément senti de lui..... Non! il ne peut pas mourir ainsi..... son génie, celui qui a guidé sa main habile, doit aussi le protéger et lui redonner la sève qui l'abandonne. ...

Alors cette femme compatissante, mère avant d'être souveraine, songea à essayer un secours quelconque. Et comme si sa main bienfaitrice eût possédé un pouvoir divin, elle sentit, en soulevant la riche chevelure du jeune artiste, que son front était tiède ; puis elle entendit un gémissement qu'elle épiait comme une jeune mère épie les premiers vagissements de son nouveau-né. Pleine d'espoir, et cherchant toujours à rendre son nouveau favori à son affection généreuse, elle banda la plaie du malheureux qui n'était pas mortelle.

Les premiers mots de Raoul en rouvrant les yeux, furent ceux-ci : Mon père!!... mon art!!... la reine!!... Berthe!!...

Alors un murmure de satisfaction bruyante accueillit joyeusement cet indice de vie, et le baron, ivre de bonheur, ne tarda pas à presser sur son sein son fils adoptif.

— Ma rosace me fera retrouver mon père... murmura encore le pauvre enfant dans son délire.

— Ton père?... mon bon Raoul, reprit doucement Berthe en caressant de ses deux mignonnes petites mains les joues pâles, les cheveux en désordre de son ami bien-aimé, et en cherchant à s'attirer toute son attention, il est au manoir, il t'attend... vingt fois déjà il s'est impatienté de ta lenteur. Pourquoi n'es-tu pas venu directement de Rouen à Tancarville?

— Ma rosace... ma rosace... répondit l'artiste.

— Ah! oui... elle te fut bien fatale ta rosace, pauvre Raoul!

Comme on élevait le jeune martyre sur des gaules, afin de le sortir de cette gorge étroite, un objet tomba de son vêtement et fut ramassé par

Berthe qui, l'ayant examiné, reconnut son canevas, son arabesque, sa ligne serpentine, à laquelle le jeune sculpteur avait fait une étrange allusion. Et, se rappelant le pronostic fâcheux prononcé par Raoul sur ce travail, elle songea qu'il venait d'avoir tout son accomplissement. Maître Berneval, jaloux du génie de son disciple, et voulant immoler Raoul à son envie, n'était-il pas le serpent, repliant autour de la rose ses muscles tortueux. Berthe se fit cette douloureuse réflexion et pleura amèrement.

Lorsque la petite caravane eut regagné la suite des chasseurs et que la nouvelle de cet événement fortuit se fut répandu dans la foule, on songea à retourner en arrière, au plus vite, et à entrer dans Oudales où le blessé recevrait les secours nécessaires à sa position.

La sérénité était revenue dans tous les esprits troublés.

— Mon aigle, mon aigle blanc, cria en fuyant le baron qui ne songeait guère à attraper l'oiseau royal, lequel planait toujours sur un roc de la falaise.

— Eh bien! baron, vous oubliez votre promesse courtoise de faire, de votre volage suzerain, un aigle royal?

— Madame, répondit le châtelain, si je savais que votre seigneurie ajoutât quelque importance...

— Mais, oui, vraiment, je voudrais voir rapporter cet aigle à la tour de l'Est, afin que désormais ce donjon portât le nom du royal oiseau; puisque vos bons vassaux ont bien voulu prêter tant de mérites à ce noble animal (la reine appuya sur les mots), il est juste qu'il les justifie en leur laissant un monument de son nom et de son souvenir.

— Votre aigle... votre aigle blanc, s'écria le dauphin en revenant sur ses pas et en secouant le sire de Tancarville par son mantel; tenez! voyez plutôt... là haut dans ce mamelon... Mais attendez donc... je crois, Dieu me pardonne! que l'un des nôtres vous a devancé dans l'entreprise, baron, et apportera avant vous le fugitif à la reine, à en juger par cette espèce d'ombre noire qui rôde dans les rocailles.

— Par l'eau merveilleuse de la falaise d'Orcher (ah! Monseigneur, j'ai droit aujourd'hui à ce serment)! il n'en sera pas ainsi, car je vais le rejoindre.

Ce disant, le baron s'élança, suivi d'un fauconnier; et comme il y avait, dans cette nouvelle conquête, de l'attrait pour le dauphin, il en fit autant et disparut comme un trait aux trousses du baron.

A la fin du jour, Raoul, réinstallé au manoir de Tancarville, était plongé dans un sommeil bienfaisant qui répandait peu à peu la vigueur dans ses veines engourdies. Le prieur de Fescam, Jacques Lyndai et Berthe de Tancarville, le veillaient sans relâche et souriaient à l'espérance. La reine, debout sur l'un des lourds et massifs balcons du château, attendait avec impatience son fils et le baron qui n'étaient pas encore de retour; une noce de vassaux, dont les danses rustiques et pittoresques s'exécutaient à quelques lieux de là, attirait toute son attention. Elle suivait de l'œil le jeune couple des fiancés dans tous ses capricieux mouvements, dans toutes ses gracieuses intimités, et elle pleurait d'attendrissement.

— Quelle est cette noce, demanda-t-elle à Berthe, qui venait de se glisser auprès d'elle?

— Celle de Gertrude Corantin, Madame, répondit la jeune fille en battant joyeusement ses mains mutines l'une contre l'autre.

— Qu'est-ce que Gertrude Corantin, mon enfant?

— Une jeune fille au front d'albâtre et au cœur d'or, la perle de nos vassales, comme dit messire le prieur de Fescam, une pauvre vierge que Jacques Lyndai a ressuscitée le jour qu'il passa devant Tancarville, le jour qu'il fut si odieusement trompé par...

Arlette regardait Berthe; celle-ci n'acheva pas.

— Comment a-t-il opéré ce miracle?

— En donnant une dot de cinq mille livres au cousin de la pauvre fille, afin qu'il pût l'épouser.

— Je comprends, dit Marie en souriant à ce récit naïf. Et elle a épousé aujourd'hui son cousin, cette Gertrude?

— Oui, Madame; messire le prieur a béni lui-même cette union.

Comme elle achevait ces mots, un bruit nouveau annonça le dauphin ainsi que le baron; on se précipita à leur rencontre.

— Madame, dit le prince en baisant pieusement la main de sa mère, il y avait deux aigles sur la falaise d'Orcher. Cette double conquête est seule le motif de notre retard. Un aigle blanc que voici, reprit-il en lui désignant le baron qui lui offrait la dépouille du royal oiseau, et un aigle noir que nous avons fait mettre en cage...

— Pourquoi ne l'avoir point également apporté au manoir?

— M'est avis, Madame, que les serres de ce cruel oiseau eussent été hostiles dans ce domaine où l'on aura désormais besoin de calme et de repos.

— Que voulez-vous dire, mon fils?

— Monseigneur vous apprend, Madame, hasarda le châtelain, que non-seulement nous avons fait sur la falaise d'Orcher la chasse à mon aigle, mais encore que nous avons pris le diable en personne dans nos filets, comme votre seigneurie avait daigné le prévoir. Voilà pourquoi nous l'avons envoyé....

— Vous l'avez envoyé ?

— A la maison de justice de Rouen.

— Dieu du ciel ! Dieu vengeur ! serait-ce....

Arlette passa en cet instant pâle, triste et morne comme une ombre échappée de quelques ruines. La reine la regarda avec compassion et pitié, et s'appuyant sur elle avec affection et intérêt :

— Retournons voir la noce de Gertrude, lui dit-elle avec douceur, et pendant cet instant, Jérémie, que voici, nous chantera quelqu'une de ses plus gentilles ballades.

Il fut fait comme l'avait ordonné la princesse.

En passant près du lit de repos sur lequel était endormi Raoul, Marie d'Anjou étendit sa main d'enfant contre la tête du jeune sculpteur, et dit, en arrêtant sur cette belle physionomie son doux regard maternel : « Voici désormais le grand architecte des hautes œuvres du baillage de Rouen et de toute la Normandie ! » Puis, comme un resplendissant génie, volant sous les voûtes sombres de ces salles boisées, elle regagna le balcon féodal qui surmontait le grand écusson des armes de Tancarville, et s'y reposa encore. Alors le jeune ménestrel, debout contre le cippe de la croisée, mêla aux tendres accords d'un luth sa voix poétique et mélodieuse.

— Votre front est bien sombre, mon enfant, exclama la reine en s'adressant à Arlette.

La jeune fille, à son tour, contempla le ciel avec des larmes dans les yeux ; puis, passant vaguement ses doigts fébriles dans les cordes du luth de Jérémie, elle répondit :

— Hélas ! Madame, que votre seigneurie daigne lever les yeux.... Voyez.... il y a toujours un nuage au ciel....

— Il se dissipera, mon enfant. Allons, Jérémie ! chantez-nous l'Espérance et la Rédemption, afin qu'une tendre et douce sympathie unisse ici tous les cœurs.

Quelques instants après, il n'y avait plus au-dessus de la *Tour-de-l'Aigle* qu'une radieuse constellation d'étoiles que le prince Louis de Valois faisait remarquer à Raoul, en murmurant ces mots :

— Je vous l'avais bien dit, ami, votre gloire devancera de beaucoup la mienne.

— O mon art ! exclama Raoul avec passion ; de grâce, Monseigneur, pour mon art encore un horoscope....., pour mon avenir encore une brillante étoile.

— Elle grandit à l'Orient, votre nouvelle étoile, répondit le dauphin.

Et il désigna Berthe agenouillée devant Marie d'Anjou.

FIN.

TABLE DES CHAPITRES.

Clermont, impr. de Thibaud-Landriot frères.

www.ingramcontent.com/pod-product-compliance
Ingram Content Group UK Ltd.
Pitfield, Milton Keynes, MK11 3LW, UK
UKHW020207250726
13967UKWH00003B/1311

9 782013 058346